半世紀を超えてなお息吹くヤマギシの村

そこには何の心配も不安もない暮らしがあった

辻　秀雄
Hideo Tsuji

牧野出版

まえがき

皆さんは、「ヤマギシ会」（通称）という名前を聞いたことがあるだろうか。

私がヤマギシ会と出合ったのは、今から約四〇年近く前のことになる。当時、ある出版社で求人情報誌の編集長をしていた私は、ヤマギシ会から、和歌山県の六川（むつがわ）のみかんの収穫でアルバイトを募集したいから、求人広告を掲載したいという申込みを受けた。それまで、ヤマギシ会という団体の存在も名称も知らなかった私は、どんな団体だろうと思い、ヤマギシ会の担当者に会って話を聞き、すぐさまこの団体に興味をもった。

私が何よりも惹かれたのは、「金の要らない仲良い楽しい村」という、ヤマギシ会のキャッチフレーズだった。「育った環境も、受けた教育も、職業経験も違う人たちが、果たして仲良く一緒に暮らせるのか、しかも、お金をいっさいもたない生活ができるのか。そんな馬鹿な話があるか」と思った私は、ヤマギシの村々を訪問し、多くの村人と飲食を共にしながら、いろいろなことを語り合い、そして、農作業にも従事した。

確かに、ヤマギシの村の暮らしには、いっさいお金は必要なかった。また、村人たちは、何を決めるにも、時間を惜しまず、話し合って、ものごとを決めていた。そのシステムは合理的であり、科学的でさえあった。

私にとって、村人たちとの触れ合いは、「楽しい、心が解き放たれる」のひと言に尽きた。どこの馬の骨ともわからない私を、いつも村人は温かく迎え入れてくれた。「こんな生活が一生おくれたら、楽しい人生になるに違いない」と思ったのも事実である。

以来、ヤマギシ会との最初の出合いから、約四〇年。私はヤマギシ会とはつかず離れずの関係で過ごしてきた。この間、ヤマギシ会にとっては、世間からバッシングを受けたり、カルト集団と誹謗中傷されたり、財産返還訴訟問題に見舞われたり、多くの村人が脱退をしたりと、いろいろな問題に直面し、そして、乗り越えてきた。

その一方で、モンゴルや韓国、台湾、中国など、アジアの国々からヤマギシ会は注目を浴びるようになった。ヤマギシの村での暮らしや村人の生き方に触れようと、海外から多くの実習生がヤマギシ会にやってくるようになった。実習生のほとんどが、その国の将来を担う若い人たちである。そのなかでも今、熱烈にヤマギシ会に熱い視線を注いでいるのは台湾やモンゴルの人たちである。

そのため、ヤマギシ会を知るきっかけになる特別講習研鑽会への参加も、むしろ日本人より、台湾やモンゴルからの参加者が上回るときもあるようだ。

さらに、ヤマギシ会は、国のあるプロジェクトの中核的な役割を演じたり、バイオガス発電を始めたり、自前の店舗である「ファーム」も各地に設けるなど、いろいろなことにチャレンジを続けている。

また、ヤマギシ会にとって地域の人たちとの交流は重要と考え、日曜日や土曜日などには、「市」を開いている。住民サービスというわけではないが、焼きそばや焼き鳥をはじめ、新鮮な肉類や野菜、麺類、パンなどを、地域の人たちを招いて、提供している。毎回、多くの方々が家族連れなどで「日曜市」や「土曜市」にやってきて、楽しんでいるそうだ。

村のなかでも、若い人たちが育ってきて、世代交代が進んでいる。今や、ヤマギシの村の生活や産業活動を支えているのは、二〇代後半から四〇代前半の若者（？）たちである。

さまざまなことを経てきて、ヤマギシ会は変貌しつつある今、私は三〇年ぶりに、多くのヤマギシの村人たちと語り合う機会を得た。会う人、会う人が私にとって新鮮な印象だった。みんな親切で、やさしかった。村での食事はいつも通り、和やかで、美味しかった。「金の要らない仲良い楽しい村」は健在だった。

ヤマギシ会が誕生して六〇年以上が過ぎた。共同体で六〇年以上、存続している団体は存在しない。いったい何がヤマギシ会を支えているのだろうか。それを知るには、ヤマギシの村で暮らす村人が日々何を考え、どんな暮らしをおくっているのか、ヤマギシズムに対してどう思っているのかなどを知ることが、その問いの答えになるのではないのかと思った。それが本書を執筆したまず、大きな理由のひとつである。

さらには、古き良き昭和の時代と比べて、だんだん殺伐として世知がらくなってきた平成の時代に、ヤマギシ会の存在や村人たちの暮らしぶり、生き方は、とても重要で、価値があり、今こそ、私たちが注目すべき存在であると思った。なぜなら、さまざまな社会問題を解決する重要な要素が、ヤマギシ会には潜んでいると、私はけっして大げさではなく、そう思っている。それが約四〇年近く、ヤマギシ会とつき合ってきている私の偽らざる心境でもある。

だからこそ今、ヤマギシ会のことを多くの人に知ってもらいたいと、正直に思う。本書がその一助になれば、筆者にとってこんな嬉しいことはない。

目次

装丁・本文デザイン◎神長文夫＋坂入由美子

半世紀を超えてなお息吹くヤマギシの村

～そこには何の心配も不安もない暮らしがあった

第一章　新しい波

ここ数年、ヤマギシズム実顕地では、これまでにない、新しい試みが始まっている。ここ、三重県の春日山実顕地もその例外ではなく、二〇一六年一月からはバイオガス発電プラントが稼働し、電力を中部電力に売電している。

また、三重県で初めてという、経済産業省が推進する「クラスター計画」の一環としての事業が、春日山実顕地を中核施設として、進められてもいる。そのひとつが、国の補助金を得ての「自動搾乳ロボットシステム」の導入である。四月から、実際に乳牛を対象に、自動搾乳ロボットシステムが稼働し始めた。

そして、村人の、ちょっと大げさにいえば悲願ともいえる新鮮な魚が、ヤマギシの食堂である愛和館の食卓を飾るようになった。三重県の漁協とつながりができたおかげで、ふつうの日でも新鮮な魚を村人は食することができるようになったのだ。

この章では、そんな新しい動きを伝えることにする。

バイオガス発電プラントの稼働

北海道のヤマギシズム別海実顕地に続いて、春日山実顕地でも、バイオガス発電が稼働したのは、二〇一六年一月八日午後二時のこと。牛舎の前に設置されたバイオガス発電プラントにスイッチが入り、思ったよりも、あっさりとモーターが動き出し、ヤマギシの新しい事業の誕生となった。

このバイオガス発電プラントの工事が開始されたのは、二〇一四年一一月から。建設費や発電装置などの費用は約四億円。国からの補助金はいっさいなく、すべてヤマギシの負担で工事が始まった。バイオガス発電プラントが完成したのは、二〇一五年秋。発電プラントの完成までに約一年の期間を要した。

この発電プラントでは一時間あたり、一五〇キロワットの電力を生み出すことができる。一日、二十四時間稼働すると、三六〇〇キロワットの電力の供給が可能になる。これは、日本の家庭一軒あたりの約一〇カ月分の電力を供給できる容量だ。先輩格の別海実顕地のバイオガス発電の供給量の規模も、春日山実顕地と同等である。

このバイオガス発電プラントの原料は、春日山実顕地で飼育している牛の糞や、廃乳である。なぜ、牛の糞がバイオガス発電の原料として使用されているかといえば、牛の糞にはもともとメタンガスを発生させる発酵菌が豊富に存在しているからだ。

春日山実顕地の飼育牛から出る牛の糞は、一日約二三トン（二〇一六年一月現在）。それを原料槽に一時間、約二トンの割合で送り込み、四〇度に加熱すると、メタンガス生成菌が活性化する。

原料が発酵すると、メタンガス、硫化水素、二酸化炭素が発生する。これを総称して、バイオガスと呼んでいる。このうち、硫化水素は毒性が強く、酸化特性が強いために除去し、二酸化炭素は空中に分散する。ここで生まれる二酸化炭素は地球温暖化にはまったく影響がない。そうして、不要物を除去したメタンガスをモーターにおくり、発電を行う。

牛の糞を使ったバイオガス発電が素晴らしいのは、電力の供給もさることながら、使い切った原料を再利用できることにある。それは無臭で、窒素を含んでいるため、堆肥として利用したり、牛舎の敷料として二次利用できる。

バイオガス発電プラント

このバイオガス発電プラントを開発したのは、北海道の札幌市に本社がある土屋特殊農機具製作所。そして、春日山実顕地でバイオガス発電を担当するのは、二六歳の黒柳晶宏さん。二〇一五年六月にヤマギシに参画したばかりの若者である。

バイオガス発電を始めるにあ

たって、黒柳さんは北海道の土屋特殊農機具製作所を訪れ、そこで研修を受け、担当者に連れられて北海道のバイオガス発電プラント一四～一五カ所を見学してまわった。

発電した電力は一〇〇％、中部電力に買い取ってもらっている。エネルギーの買い取り価格（タリフ）を法律で定める方式の助成制度による電力の買い取りとなる。この制度が日本でスタートしたのは、二〇〇九年一一月一日、太陽光発電の余剰電力買取開始（電力会社ごとに買取単価設定）が始まった。その後、二〇一二年七月一日には、その対象範囲を太陽光発電以外の再生可能エネルギーにも拡げ、余剰電力買取制から全量買取制に制度を変更（全国一律の回収単価）した。この制度によって、二〇年間買取価格が保証されるという。この春日山実顕地もその制度によって、電力を中部電力に買い取ってもらっているのだ。

バイオガス発電のもうひとつのメリットは、糞尿処理が画期的に迅速化されたことである。これまで、堆肥づくりには時間も労力もかかったが、それが減少した。さらに、原料の牛糞はほぼ枯渇しない。また、バイオガス発電の原料としては、鶏糞も豚糞も活用できるという。

現在の発電量は一日、約一二〇〇キロワットだが、一五〇〇キロワットになるのもそう時間がかからないだろう。担当の黒柳さんはこういう。

バイオガス発電プラントの発酵槽

「ヤマギシって意外と地域に開かれているし、地域にいろいろなことを発信している。バイオガス発電プラントにしても、地域の人からの参観希望者が多い。私たちは何も隠すものはないし、これで大きな利益を上げてやろうと強く思っているわけでもない。個人的には働きがいがあります」

と、笑顔を隠さない。

バイオガス発電は、原料に食品産廃物などを使用するケースが多いが、牛糞を原料とするバイオガス発電プラントは、本州では珍しいという。

やがてはこのバイオガス発電事業が、ヤマギシの経営を支える一環となる日もそう遠くないかもしれない。

クラスター計画～自動搾乳ロボットの稼働

クラスター計画のクラスターとは、「ぶどうの房」を意味しているが、それが転じて「群」や「集団」を意味する言葉として用いられている。

経済産業省が進める「産業クラスター計画」とは、地域の中堅中小企業やベンチャー企業などが大学、研究機関等のシーズを活用して、ＩＴ、バイオ、環境、ものづくり等の産業クラスター（新事業が次々と生み出されるような事業環境を整備することにより、競争優位をもつ産業が核となって広域的な産業集積が進む状態）を形成し、国の競争力向上を図ることを目指す計画だ。

三重県で今回、初めてのケースとなるクラスター計画は、地域の農家が中心となり、酪農の底上げを目指すものである。その中核的存在がヤマギシだ。

なかでも注目は、二四時間搾乳できる「自動搾乳ロボット」の導入である。ヤマギシでは、このオランダのレイリー社製の最新型（四代目となる改良型）の自動搾乳ロボットを四基、新牛舎に導入し、乳牛の自動搾乳が始まったのは、二〇一六年四月七日、一四時三〇分のこと。

新牛舎が完成してちょうど二週間目を迎えたこの日、のんびりと思い思いに新牛舎でくつろいでいた牛たちにとっても、新しい体験のスタートとなった。

ロボットの周囲には、新牛舎担当の山崎彰久さんを始め、酪農部のメンバーや、開発メーカーやロボット専門の業者、さらに、三重県の豊里実顕地から村人が駆けつけ、新しいシステムの稼働を見守った。

新牛舎に引っ越してきた乳牛は四五〇頭のうちの二四〇頭。その一頭ごとに異なる乳房のかたちなどをコンピュータに記憶させる作業からスタート。最初に入ってきた乳牛の乳房や乳頭を手作業で消毒し、タオルで拭き取り、マッサージを行い、乳房や乳頭の角度、間隔などをコンピュータに記憶させる。それから、一本ずつセンサーでライナーが乳頭をみつけ、搾乳が始まった。

自動搾乳ロボット

　自動搾乳ロボットのタッチパネルの画面には牛の体重から一分房ごとの乳量がグラフで表示され、終わった分房からライナーが外されていく。そして、乳房・乳頭を消毒し、牛は牛舎にかえっていく。自動搾乳ロボット一基で一日、六〇頭の乳牛の搾乳ができる。

乳牛は、乳房に乳が貯まってくると、絞り出す欲求に駆られる。そんな乳牛を自動搾乳ロボットにおびき寄せるのが、おやつ代わりの美味しい粒餌。えさ箱にこの粒餌を入れておくと、牛がその美味しい餌に惹かれてやってくるという仕組みである。

しかし、自動搾乳ロボットを導入したことにより、これまで、朝五時と一五時の二回、行っていた搾乳作業がかなり楽になることは確かである。搾乳作業に必要な人数の削減や、牛にも負担がかからなくなる。

この自動搾乳ロボットを見学にきていた村人は次のようなコメントを残している。

「ロボットの稼働初日、その場の雰囲気が何やらいいかんじだなと思っていたら、やっぱりそれまでの経過や背景あってのことだったんですね。あと、この搾乳ロボットと新牛舎は機械的、仕組み的に、みててホント面白い。たくさんの人に触れてもらいたいなあ。やってる人たちの思いとあわせて……」（村岡悦史さん・豊里実顕地）

「春日山の牛たちが兄弟だったり、クラスメイトだったり、親子だったり、同じ気候、同じ餌、こころひとつの人間たち。学びあい、育ちあいの自家育成の強みと、一体生活の良さが現れている現象。いろいろ心配されたことも、杞憂《きゆう》に終わりそうです。まさに『実態』が『観念』に先行する事態を体感している毎日です」（柳文夫さん・春日山実顕地）

このほか、クラスター計画の一環としては、飼料用稲を地域の農家で生産してもらい、それをヤマギシで買い取って家畜の餌にしたり、伊賀牛の増産のために、和牛の受精卵をホルスタインの母牛に移植して、仔牛を生産し、地域の伊賀牛生産農家にもっていって、伊賀牛に育てて、出荷をするなどの事業が計画されている。このクラスター計画の目的は産業の活性化もさることながら、地域の活性化を促す目的も入っている。

その中心になっているのがヤマギシというわけである。

村に新鮮な魚がやってくる！〜安乗漁港との連携

これまでヤマギシズム実顕地では、農産物や畜産物、あるいは麺類、さらには農産・畜産加工品などを生産し、出荷してきているが、魚に関してはまったく生産・出荷しているわけではなく、ヤマギシの食堂である愛和館でも、魚料理が食卓にのぼるのは年に数えるほどだった。

村に三〇年以上住む村人がこうつぶやいた。

「愛和館で刺身料理が食べられるのは、これまで何か特別の行事があるときだけだった。このようにいつも魚料理が食卓にのぼるなんて、まるで夢のようだ」

これは何もオーバーな表現ではない。それほど、ヤマギシの食卓を魚が飾ることは珍しいことだったのである。

二〇一五年の一二月には、まぐろとサワラが食卓を飾った。それが、可能になったのは、ヤマギシが志摩市磯部にある養豚場を買い取り、その養豚場を始めるのに必要な生活館として、磯部の養豚場から海に向かって三〇分ぐらいの安乗というところにある、古い民宿を買い取ったからである。そこに今、三家族が住み、生活しながら磯部の養豚場に通っている。

安乗は漁港で、「安乗ふぐ」で有名なところだ。安乗漁港では毎日、毎日漁に出て、水揚げされた魚を仕分けして、競りを通していろいろなところに配送していく。その日の魚が余ったりすると、「安くしますから町の皆さん買いにきてください」と町内放送が流れて、安乗に住んでいる人たちが魚を買いにいく。そんなことがきっかけで、まず、春日山実顕地から村人が安乗漁港に乗り込み、さらに、数日を経て豊里実顕地から村人が安乗に出向き、安乗漁港の人たちとのつき合いが始まり、三重県漁連などとの繋がりができた。

当初は、「安乗は漁師町だから排他性が強く、外からの人間は歓迎しない」といわれていた。ところが、実際に漁師さんに会ってみると、気さくな人ばかりで、すっかり意気投合し、ひいては、漁協に入ってくれないか、という要請を受けるほど、仲良くなった。

安乗漁港

安乗は志摩市東部の志摩半島の中央部東端に位置する漁港で、北・東・西の三方を海に囲まれ、西は的矢湾、北から東にかけては太平洋に面している。南は阿児町国府と接し、的矢湾をはさんで、鳥羽市相差町と向かい合う。集落は安乗崎の先端から少し離れた的矢湾岸にあり、漁港がある。魚礁漁が盛んで、周辺海域には岩礁が多く、アワビやサザエなどの貝類が豊富で、海女さんによって採取されている。

ちょうど、私が安乗を訪ねたとき、海女さんが海からあがってくる姿を目にした。

このような安乗漁港とヤマギシが繋がったことによって、実顕地の食卓には新鮮な魚料理がならぶようになった。当初は、三重県内の実顕地に限られていたが、いまでは全国の実顕地に新鮮な魚が届くようになった。

一方、安乗漁港でもヤマギシにかける期待は大きいようだ。というのも、一〇〇〇人を超える村人の胃袋を満たす魚の量は半端な量ではない。もちろん価格は安く譲ってもらっているのだが、それにしても、安乗漁港にとっては有力な消費先に変わりはない。

そこで、ヤマギシと三重外湾漁協が手を組んで行ったのが、ヤマギシの生産物を直売している、三重県津市の「豊里ファーム」での魚の販売である。

二〇一六年三月六日に、豊里ファームでは初めて、魚の販売が行われた。その様子を村人の喜田栄子さん（豊里実顕地）は次のように述べている。

「三月六日、豊里ファームに南伊勢町から移動式の魚販売車がやってきた。チラシや店頭でのお知らせなどで、始まる前から駐車場はいっぱい。集まったお客さんは慣れたもので行列をつくって待った。午後一時開始の予定が一〇分ほど前から始まって、一時一〇分にはほぼ完売。外湾漁協の人も『過去最大の人出。今日は獲れる量が少なくて、もっと獲れていたら、すごいことになっていただろう』と。ホンマグロ・カツオのブロック・ゴマサバ・マイワシ・ヒオウギガイ・サザエ・カキ・アカイカ・ナマコなどのなかから魚を次々とカゴに入れるお客さん。『わぁーすごいな！　昔並んだよね。伊賀の祭りで』『雨が降らずに良かったね』と客同士の会話も弾みながら会計に。『お父さんに並んでもらって、私は肉屋に』という人。『こんな大きくて活きがいい鰯が六尾で二〇〇円はないなぁ』。並びながらも、もうひとつ入れてと、みんな大賑わい。魚効果からか、肉も野菜も相次いで売れていく。ついでに開いた瀬戸物のお店もほぼ完売。後からきたお客さんが『なめとった。出遅れたわ』『三〇分もやってないじゃないの』。その声を受けて来週も午後一時からやるそうですよ」

　このようにいま、ヤマギシズム実顕地ではいろいろな職場や部門で新しい動きが始まっている。折しも、一九五三年（昭和二八年）、山岸巳代蔵さんが提唱する理念をもとに社会活動実践母体「山岸会」が発足し、「すべての人が幸福である社会」実現を目指し、社会づくりの各種活動を提言・実践し、一九九五（平成七年）に名称を「幸福会ヤマギシ会」に変更して以来、発足から今日まですでに六三年目を迎えている。

　このような共同体組織で六〇年以上続いている組織はほかにない。そういう意味では、ヤマ

豊里ファームでの魚の販売にお客さんの行列が

ギシは稀有な存在といっていいだろう。

そしていま、ヤマギシは確実に世代交代を迎えている。そんななかで、ヤマギシの根本的な理念は変わることはないが、実顕地内での生活スタイルや実顕地同士の関係、あるいは婚姻、研鑽会、愛和館のあり方など、新しい動きも生まれて、ヤマギシは徐々に徐々に変わりつつある。

その目立った例が、今回のバイオガス発電プラントの稼働や、自動搾乳ロボットの導入、あるいは、志摩半島の外湾漁協との提携などである。

では、次の章からは、現在の職場の中心的な存在に成長した若い村人にスポットをあて、彼らがどんな思いでヤマギシのなかで暮らしているのかを紹介してみたいと思う。

第二章

世代交代の波

現在のヤマギシズム実顕地を年代別にみると、もっとも多い世代は六〇代前半で、続いて多いのが、五〇代後半、いわゆる第Ⅱ世代と呼ばれる人たちである。さらに、四〇代前後、三〇代から二〇代と世代は引き継がれている。

現在のヤマギシの各職場をリーダーとして引っ張っているのは、二〇代から三〇代の若者たちといっても過言ではない。さらに、ここに四〇代を加えると、ヤマギシズム実顕地はいま、完全な世代交代が進んでいることになる。

なかでも二〇代から三〇代の若者たちは何を目指して参画したのか、第一次産業という、いわゆる世間でいうところの不人気・衰退産業になぜ従事するのか、さらに、ヤマギシズム実顕地で何を行おうと考えているのか、彼らの生い立ちから特講、研鑽学校、参画へのきっかけ、実顕地での暮らしなどをさぐることで、その答えが見いだせるのではないかと思っている。

そして、ヤマギシズム実顕地で暮らしている彼らは、何も特別な若者ではない。あなたの周囲にいるふつうの若者たちなのである。そのことをまず念頭において読み進めていただきたい。

任されて仕事ができる楽しさを存分に味わっている

望月一志さんの場合

ヤマギシとの出合い

現在、蔬菜部で野菜づくりに勤しんでいる望月一志さん（二九歳）は、福島県いわき市出身。両親はヤマギシの会員で、父親は転勤族。そのため、いわき市から仙台、広島、八王子と移り住んだ。広島では年長のときに花見山実顕地の幼年部に入学した。さらに、東京・八王子に在住していた小学五年生のときにヤマギシズム学園初等部の面接を受けた。そのときの作文には「初等部にいきたくない」と正直に書いた。

高校を卒業してからはフリーター生活へ。しかし、二四歳から二五歳になったときに、もう一度しっかり勉強したいので、大学へいきたいと思った。

選んだのはアメリカの大学への短期留学。そこで、カリフォルニア州マーセッドにあるマーセッドカレッジに入学した。この大学を選んだのは、授業料が安かったことと、TOEFLである程度の点数を上げていれば入学が可能だったから。

二〇一〇年に入学して、二〇一二年五月に卒業。その後、日本の大学の入試を経て、大学三年生に編入し、二〇一五年三月に大学を卒業した。

望月さんが特講を受けたのは、二〇〇六年、ちょうど二〇歳になったときだった。特講の参加者は一〇名、若い人が多く、みんなすぐに仲良くなった。この一週間は非常に楽しく、これまで抱いていたヤマギシの悪いイメージが少しは払拭できた。

特講を受けて、自分が少し変わったように思えたという。また、親がなぜ楽園村やヤマギシズム学園に自分をいかせたかったのか、その気持ちが少しだけ理解できるようになった。

望月さんが特講を受けるまでに、ヤマギシに悪いイメージを抱いていたのは、小学校のときに参加した楽園村の影響が大きい。

楽園村でトウモロコシの収穫

楽園村とは、一九七五年に始まった「子ども楽園村」のことで、農を営むヤマギシの村を舞台に、自然に包まれ、生きものに触れ、ホンモノを感じ、仲間と育ち合うなど、一度しかない子ども時代に、安心して思い切り遊び、学び、暮らしてみようという試みのことである。楽園村が始まってから、すでに四一年の歳月が経ち、これまで、農業を基盤にした営みのなかで、多くの子どもたちが生きる力と心を育みながら、巣立っていっている。

その楽園村で過ごしたときのことを望月さんはこういう。

「楽しくはなかった。いいイメージはなかった」

望月さんが大学四年生を迎えたときに、ほかの学生と同様に就職活動に明け暮れるようになった。しかし、自分としては別にやりたい仕事もないし、このまま就職しても楽しい生活がおくれるかどうかわからない、といろいろ自分の人生について考える毎日を過ごしていた。

どう生きたいかを考えるべき

そんなある日、東京のあるヤマギシ会会員に研鑽学校を勧められた。

「研鑽学校にいけば、自分の生き方が変わるかもしれない、自分のやりたいことが見つかるかもしれない」と思った望月さんは、研鑽学校へいってみようと決めた。

研鑽学校へいくと決めてから、研鑽学校が始まる日まで二日〜三日、時間的な余裕があったので、「ヤマギシの生活は実際どんな暮らしなのか」を体験したくて、東京案内所を訪ね、農業体験の申込みを行った。

東京案内所では望月さんの要望を春日山実顕地に伝え、望月さんは春日山実顕地の蔬菜部で農業体験をすることになった。

「そのときの農業体験は非常に楽しくて、ヤマギシの印象もよかった」

そして、二〇一四年九月、三重県の阿山実顕地で開かれていた二週間の研鑽学校に入学した。参加者は一四名、半数が実顕地の村人だった。

研鑽学校ではさまざまなテーマで研鑽を行っていく中、ある日の研鑽会で、自分がヤマギシにきた目的を話した。

「自分の就職活動がいきづまって、研鑽学校へくれば、自分のやりたいことが見つかると思ってやってきました」

そう切り出すと、世話係の人はこういった。

「何をやりたいのかというのではなく、どう生きたいかを考えるべきではないかな」

望月さんは、二週間を参加者と共に過ごしたことで、これまでヤマギシの人はストイックで異質な人というイメージを抱いていたが、ふつうの人と変わりがないという印象を強くもった。

やがて二週間の研鑽学校が終わり、「ヤマギシに参画したらどんな人生になるのかな」と思い、ネットでいろいろヤマギシのことを調べ始めた。しかし、ネットに出ているヤマギシの情報は悪意に満ちたものが多く、少しも参考にはならなかった。ヤマギシの村人である佐川清和さんの著書も読んだが、正直、内容が難しくてよくわからなかった。

参画を決意したのは、研鑽学校が終わって、一〇日あまり過ぎた頃だったが、最初から参画したいというのは気が引ける面があったので、とりあえず、実習生として実顕地で受け入れて欲しいということを伝えた。配属されたのは春日山実顕地の蔬菜部だった。

実習生としてヤマギシにきてみて思ったのは、「ネットに出ているヤマギシの情報はまったくでたらめなものが多く、実顕地にきてみて、ネットに載っているものとはまったく違うことがわかった」

そして、望月さんがヤマギシに参画したのは、二〇一五年四月。大学卒業のタイミングを待ってのことだった。

迷いも不安も不満もない生活

ヤマギシの生活はどうなのだろうか。

「ヤマギシにくる前までは、こんな生き方でいいのかとか、迷いが出るのではないかと思っていたが、ヤマギシの村で生活をしていて、迷いが出ることはまったくない。不安なども出てこない。それが何か不思議な気がする」

仕事面はどうか。

「仕事は楽しい。最初は、野菜を育てたいと思って蔬菜部にきたわけではなかったが、蔬菜部に配属されて、最初はいわれたことをやりながら、すぐに野菜づくりを自分に任せてもらえるようになった。自分に仕事を任されて、信頼されて仕事ができることが楽しい。充実している。畑に出ての農作業も少しも苦にならない」

蔬菜部で望月さんが担当しているのは、葉ものといわれるもので、ほうれん草や水菜、青梗菜、ネギなどを生産している。

望月さんの一日の生活の流れはどうか。

朝六時三〇分に起床し、七時には畑に出る。九時に蔬菜部の出発研があり、一一時半まででまた、畑に出向く。昼食後、一三時三〇分頃にまた畑にいく。そして、日が暮れて一七時半頃に仕事を終える。

「僕はあまり野菜が好きじゃない。唐揚げが好き（笑）」

参画して一年以上が過ぎたが、「ヤマギシにきて、あまりにも生活が順調なので、ちょっと順調すぎるかなと思うことはある」

迷いも、不安もない人生を送る望月さん、その笑顔には幸せ感が満ちていた。

不安や不満がない研鑽生活を満喫

山崎彰久さんの場合

酪農部で新牛舎の担当を任されているのが、今年、三一歳になる山崎彰久さん。四基の自動搾乳ロボットを導入した新牛舎で乳牛の管理を任されている。

山崎さんの出身は広島県三原市。小学校卒業と同時に両親と共に東京に移ったが、山崎さん三兄弟は埼玉県の岡部実顕地のヤマギシズム学園に入学。

楽園村の忘れられない思い出

山崎さんにはいまでも忘れない、楽園村での思い出がある。

「幼稚園のときから楽園村にいっていた。確か、あれは小学校一年生のときだったと思う。あまりご飯が食べられずにしくしく泣いていたら、係の人に小さな薄暗い小部屋に連れていかれた。そこでまた泣いて、泣き終わったときに係の人がやってきて、『思いっきり泣きなさい！』といわれて、小さな部屋に据え置かれていたことがあった。いまでもそのときの光景は忘れたことがない」

小学校四年生からは毎月一週間、学校を休んで楽園村にいくようになった。そこから山崎さんのなかでは楽園村が楽しくなった。とくに、五年生や六年生になるとやることも多くなり、食器洗浄やスポーツなどして、楽しいときを過ごした。

やがて、ヤマギシズム学園中等部から高等部へ進み、高等部卒業の三月に、大学部へいくまでの間を利用して、特講に参加した。

大学部では研鑽学校も経験し、一年から二年は蔬菜部、三年のときは養豚を担当した。大学部の卒業を間近に控えたときに、係の人に参画したいと思っていることを伝えると、係の人たちでいろいろ話し合ってくれたのだろう、大学部を卒業した三月に参画することができた。そして、春日山実顕地に配属となった。

山崎さんは長男で、次男は実家のある京都で、和菓子屋に勤めている。三男はいま新潟県三条市の「花時計」という回転寿司屋で働いている。

自分でも無理をしていた中等部世話係

山崎さんの春日山実顕地での最初の職場は、養豚と中等部学園生の世話係。朝は中等部生が学校へいくまでの間を共に過ごし、昼間は養豚の職場へ。夕方、仕事の確認や打合せをして、夜はまた中等部生と共に食事、風呂、夜の寄り合いなどをして過ごす毎日だった。

しかし、山崎さんにとって中等部の世話係という仕事は、自分の性に合っていなかった。というのは、山崎さんの中等部時代は、非常に生活も厳しく、雰囲気も一生懸命やるのが当たり前であった。朝五時半に起床して職場で作業を行い、それから学校へいき、学校から帰ってきたら野菜の収穫などを行い、食事、風呂、夜の寄り合いという生活を過ごしてきた体験から、山崎さんなりに「中等部生はこうでなければならない、こうであるべきだ」という自分なりの理想像をつくりあげてきた。それをもとに中等部生に接していたことから、一生懸命さが空振りしたり、自分にも無理な負担がかかってしまっていた。

それを見抜いた係の人が研鑽学校への入学を勧めてくれ、研鑽学校から帰ってきたら、職場は養豚一本になった。

養豚部での生活

養豚部では、最初、春日山実顕地の西ケ峰で六〇キロから出荷直前の一一〇キロになるまでの豚の世話を行い、約一年後には同じく春日山実顕地の東部農場の養豚部に移り、子豚の育成に携わった。生まれてから約四〇日後で離乳した豚の育成を行うわけだが、そこにはさまざまな育成のステージがあり、三〇キロ前後の豚や、一五キロから三〇キロまでの豚の世話をしたり、豚に合わせて餌をやったり、豚舎の掃除をしたりと、それだけで半日が過ぎるという作業だったが、非常に楽しかった。

担当する豚の数は、四〇〇頭から、多いときでは六〇〇頭にもなった。それぞれの豚のクセを把握し、上手に豚を管理しながらの作業で、毎日が楽しく過ぎていった。

韓国実顕地での語学交流

そんなときに、韓国実顕地との交流体験が山崎さんにもたらされた。春日山実顕地ではその当時（二〇〇八年から二〇〇九年頃）、韓国からたくさんの実習生を受け入れていた。当時、春日山実顕地で韓国語ができて、受け入れを担当していた女性が結婚して豊里実顕地に移ってしまったため、春日山実顕地には韓国語を話せる者が皆無になってしまった。そこで、青年部で話し合っているときに、「次は彰久の番だな」といわれて、山崎さんも当時、自分が一番若かったこともあって、韓国実顕地での語学交流に出かけるのは自分かな、と思っていたら、その通りになった。二〇一一年のことである。

最初は、三カ月の交流だったが、三カ月の期間が終わろうとしていたときに、韓国実顕地の方から「せっかくここまでやってきたんだから、三カ月で終わるのはもったいない、もう少し交流していったらどうか」と提案された。いったんは、山崎さんは春日山実顕地に戻って交流の一年延長を提案したら、それが受け入れられて、結果的には、一年間の語学留学を行うことになった。

韓国実顕地では養鶏を担当し、スタッフの男性とマンツーマンで韓国語のやりとりをしながら、韓国語の習得に努める日々が続いた。帰国したのは二〇一二年。その後、研鑽学校に入学し、研鑽学校終了後の二〇一三年の二月、職場が酪農部に変わった。

酪農部出発研

誰もがいってみたいと思うような酪農部に

酪農部の朝は早い。午前五時前には仕事を開始する。朝の弱い山崎さんにとってはちょっとした苦労だが、いまは乳牛の状態をいかに健康的に保っていくかに腐心する毎日だ。新牛舎ができて不安もあるが、わくわくしていると山崎さんはこういう。

「私がきたときの酪農部は、酪農は専門的な分野なので、技術的な仕事が多い。誰にでもできるものではない、という雰囲気があった。自分はそんな雰囲気は好きではないし、初めてだからできないという考え方はつまらない。だれでも段階を踏んでいけば酪農の仕事ができるようになるのだから、村人の誰もが酪農部にいってみたい、と思ってもらえるような職場にしたいと思っている。どんな人でも受け入れることができる職場づくりをやっていこうと思う」

山崎さんの一日の生活の流れはこんな具合である。

午前四時四〇分、職場に出勤。各自の仕事はシフト制であらかじめ決められており、その手順に従って早朝の作業を進めていく。午前九時三〇分に出発研。その後、決められた手順で仕事を済ませ、昼食に。午後の仕事は一五時ぐらいからで、終了するのが一八時、その後、夕食、風呂、研鑽会があるときは研鑽会に出席、就寝となる。

酪農部の牛舎

みんなと一緒の暮らしが楽しい

山崎さんはヤマギシでの生活をどう感じているのだろうか。

「日々、充実しているし、不満や不安はありません。みんなと一緒に仕事をしたり、研鑽したり、食事をしたり、風呂も一緒に入ったりする生活が楽しい。今後、一〇年、二〇年とやっていくなかで、実顕地の人数は減るのではないかと思ったり、生産職場でやれる人が何人ぐらいになるのかなと思ったりするが、それもときの変化に合わせて、うまくやっていけるのではないかと思っている。結婚ですか？　彰久くん、いつ結婚するのかな、といわれることもあるが、そう急ぐことでもないし、これも縁だから、こればっかりはどうにもならない（笑）」

参画してから一〇年の月日が経過している。いまや押しも押されぬ中堅どころとしてヤマギシを支える支柱の一人といっても過言ではない。彼の底抜けの明るさがこれからも多くの人たちをひっぱっていくのではないだろうか。

尊敬する人との出会いが参画を決定づける

永見祐樹さんの場合

嫌でいやでたまらなかった楽園村

春日山実顕地の東部農場で養豚を担当するのは、ヤマギシに参画して一〇年になる永見祐樹さん（三一歳）。

出身は東京都大田区。ヤマギシを知るきっかけとなったのは母親を通してから。管理栄養士の資格をもっていた母親が、自然食とか、安全な食を求めているさなかに、ヤマギシの生産物とも知り合った。永見さんは小学校三年生になったときに初めて楽園村に参加し、その年の八月から毎月楽園村に参加するようになった。母親はといえば、その年、特講に参加し、そして、研鑽学校へも歩を進めている。

楽園村の当時を振り返って永見さんはこういう。

「楽園村へは死ぬほどいきたくなかった。楽しみが見出せなかったし、男研とか、通過儀礼だったかもしれないが、まだ小学生だったので、楽園村にどんな意味があるのかがまったくわからなかった。むしろ、家で友だちとプラモデルをつくって遊んでいるほうがよほど楽しかった。でも、小学生だから親のいうことは聞かなければいけないし、無力感を感じていた」

いきたくなかった中等部

中等部もそうだった。中等部の入学試験のときに、「中等部へはいきたくない」とはっきり伝えると、係の人も「そうだろうね」と納得した様子だったが、試験には受かった。永見さんはいう。

「試験には地理の問題が出たのですが、それが学校で習う地理ではない。たとえば、いろいろなヤマギシの実顕地の特産品は何かといったような問題で、小学生がわかるわけがない」

しかし、父親はふだんの小学生の永見さんをみて、自分ではどう育てていけばいいのか迷ったようで、結局、ヤマギシズム学園に預けるしか道はないと思ったようだった。

当時、中等部は全国の実顕地にあったが、永見さんが入学したのは長野県の飯田実顕地にある中等部だった。同級生は五人。中等部では当時、年に数回、豊里実顕地に中等部生が集まって交流会を開いていたが、永見さんはここでも多くの友だちをつくり、その仲間たちと一緒ならと高等部へも入学した。

高等部へは永見さんが心からいきたいと思った。その後、大学部へと進学したが、大学部に進んだことで、社会性が身についた。さらに、他人の心に深くコミットすることを学ぶなど、大学部での体験が永見さんにとって大きな影響をもたらした。

永見さんは、特講を二度受けている。高等部二年のときには学生特講を、さらに、二〇歳になったときには、一般の人たちとの特講である。

特講を受けて視野が広がる

二回目の特講の参加人数は二〇名ぐらいだったが、年代別、男女別にバランスの取れた構成だった。この特講で永見さんは、世の中にはすごい体験をしている人がいることを知った。たとえば、交通事故で一家全員を亡くした父親とか、外見はそんなふうに見えないのだが、心に大きな闇を抱えている人とか、そのような人たちと一週間共に過ごすことによって、自分のものを見る見方が変わり、視野が広がったという。

研鑽学校へいったのは大学部が終了する年で、二一歳のときだった。三〇名ぐらいの参加者がいたが、この研鑽学校でヤマギシに参画することを決めた。

参画の決め手になったのは、大学部での養豚の職場で出会った村人の影響が大きく、参画を決める大きなファクターとなった。

自分の価値観が崩壊した日

大学部ではそれまで、仕事を一緒にやってきたのは、同世代か、あるいは三歳ぐらい年上の人だったが、ある日、自分の親ほども年が離れた人と一緒に、養豚の仕事をすることになった。名前は佐々木俊隆さん。

ヤマギシにはいろいろな理念がある。たとえば、「われ、ひとと共に繁栄せん」などがあるが、永見さんにとって、それはお題目でしかなかった。しかし、その佐々木さんは、ヤマギシの理念を地でいっている人だった。そんな人が目の前に現れたのである。

「言葉ではなく、背中で教えるというか、話にも常に整合性があり、豚を世話していても、指先まで考え方が伝わっていくというのか、わかります?」

永見さんは佐々木さんのような人になりたい、そんな生き方をしたいと切実に思った。永見さんが成人になったときも、佐々木さんから「お父さんと向き合ってみたら」といわれた。それまで父親とまともに向き合うことがなかった永見さんにとって、佐々木さんのこの言葉によって、初めて父親とまともに話ができるようになった。

また、あるとき、頭が痛いので、仕事を休もうと思ったことがあった。ちょうど養豚についても嫌だと思っていたからなおさら、養豚の仕事を休もうと思ったが、そんなとき佐々木さんを見ると、なんだか調子が悪そうだった。聞くと、熱を出して身体がだるいという。それでも養豚の職場に赴いていたのを知って、永見さんの価値観が崩壊した。「熱を出しても仕事にこれるんだ！　責任をもって仕事をするとはこういうことだったんだ！」と。

倒れてしまうほど体調が悪いのであれば、仕事は休まなくてはならない。しかし、身体や心のどこかに余裕を感じていたり、怠けようという気持ちがあるのなら、任されてる仕事は責任をもってまっとうすべきだ、ということを学んだ。

また、研鑽学校の最後に企画されていた交流研にも佐々木さんはやってきた、永見さんは「わが子のように思って研鑽学校におくりだしたんだよ」という佐々木さんの言葉を聞いて衝撃を受けた。そのとき、「自分はこの生き方をしよう、ヤマギシで生きよう」と決めた。

永見さんの参画同期生は三人いる。そのなかの一人が、「三重県で一緒にやろうぜ」といったが、別に就職をするわけではないし、この生き方ができれば自分としては御の字だし、むしろ、村人から参画を断られたらどうしよう、といった考え方だった。受け入れてくれるだけで嬉しいと思っていた永見さんは、そういう仲間をみて、「こいつは抜けるな」と思ったという。案の定、その人は村を去った。

永見さんとしては、根元の部分で参画した動機をしっかり肝に銘じておきたかったので、参画できるならどこの実顕地でもかまわないと腹を決めていた。

観音寺実顕地での貴重な出会い

永見さんが配属されたのは、四国の香川県にある観音寺実顕地だった。この実顕地である村人との出会いが、永見さんを一回り大きくした。

それが谷畑匡彦さんであった。観音寺実顕地では養豚の仕事をしており、谷畑さんとマンツーマンで仕事をしていた。最初は谷畑さんにむかついたり、つっかかってばかりいた。

しかし、谷畑さんはそんな永見さんを嫌な顔ひとつせず、いつも温かく受け入れてくれた。

なぜ、むかついたのかといえば、その人とちゃんと向き合っていなかったから。また、自分を理解してもらってないと思うのは、自分をちゃんと表現していないから、さらに、本当は理不尽ではないのに理不尽だと自分が思うのは、その人とちゃんと会話をしていないからそう思うのだと、そんなことがわかってきたのは、谷畑さんと仕事をし始めて五年も経ってからのことだった。

谷畑さんも佐々木さんと同じように、ヤマギシズムの理念を生きている人だった。それからはしっかり谷畑さんと向き合うようになり、いいたいことも臆することなくいえるようになった。

まわりの人と一緒にやるのが楽しい

永見さんはいう。

「誤解を恐れないでいってしまうと、私はそんなに養豚そのものを別にやりたいと思ってはいなかった。そもそも私は養豚に向いている人間ではない。いま、繁殖という技術のいる仕事をやらせてもらっているが、なんで養豚をやっているかというと、まわりの人と一緒にやるのが楽しいから」

現在は東部農場で養豚を行っている永見さん、六〇代が三名いるなかで職場をつくっているのは、豚を通して仲良くする、それが面白いからやっているという。

「豚にも個性というか、傾向というのか、こういう豚はこんな傾向にあるとか、豚の目を見てわかることもある。ただ、一時は子豚も可愛いと思ったこともあるが、いまは、子豚が可愛いとはまったく思わない」

と豚を世話しているにもかかわらず、ちょっと不気味なことを口にする。

研鑽はヤマギシ生活の軸

養豚部

研鑽会についてはどう思うのか。

「いま、青年研、資料研、月一回、愛和館で行われる交流会の企画研に入っていますが、研鑽会そのものは、自分と違う人たちと一緒になって研鑽している行為が大事なことだと思っている。それがヤマギシの生活の軸になっているから。ただ、研鑽会と研鑽態度があると思うが、重要なのは研鑽態度で、研鑽態度がどうであるかが大事だ」

ところで、ヤマギシの女性たちはみんな元気がいいが、それが大事なことだと永見さんはうなずく。

「観音寺という小さな実顕地にいたからでしょうか、女の人が不満に思ってやっていると、非常に実顕地の雰囲気が悪くなる。それは女性たちが食事をつくっているからかもしれない。男が不満をもっていたとしてもたいしたことではない。自己解決できるから。女の人が生き生きしていると、男も元気になる。一般の家庭でも、母親がヒステリックに振る舞うと、家のなかの雰囲気が悪くなるのと一緒だ」

不満ほどでもないが……

現在の実顕地生活に特段の不満があるわけではない。月一万円の小遣いも少ないと思ったことはないし、一万円で生活をやれといわれているわけではない。何かをしたいときは提案書に自分の思いの丈をすべて書き出す。自分の情報をすべて出すことによって、永見という人間が何を考えているのか、どう思っているのかが村人に伝わり、それが人と人とのコミュニケーションを高めていく。情報が人を呼ぶというのである。

「自分のことを表現するのが大事。自分を表現すればするほど人が寄ってくるし、自分のなかに入ってくる」

と屈託がない。

観音寺実顕地にいたときは、ＳＮＳで知り合った外部の人たちと実顕地の外でバンドを組み、一年に二回、ライブも行っていたという。

最後に何か不満がないかと問うと、こんな答えが返ってきた。

「昔からヤマギシにいる人たちと、最近のヤマギシの人たちとでは、歩いてきた道のりが違う。たとえば、昔からやってきた人のなかには、熱く燃え上がるような人もいるし、短気な人もいる。たとえば、朝の出発研で何らかのスイッチが入り、暴走してしまう人をみると、面倒くさいなと少し思ってしまうこともある。私が職場では一番若いので受け入れをやっているが、年配の方からいろいろいわれることもあって、『ハァー』と溜息が出たりすることもある。しかし、だからといってそのことが原因で人間関係が悪くなるというわけではない。それは些細なこと。職場では『何でもまずは受け入れよう』という姿勢でやっている。それに、一人でストレスをため込まないように、抱え込まないようにしている。なぜなら、自己解決が苦手だから。辛いこととかあったときも、いろんな人にいいまくっていた。人に話をすることによって問題を解決していくということかな」

ヤマギシ的な暮らしは誰でもができるものではないという。永見さんの場合は楽園村は最悪だったが、それからの村人たちとの出会いによって、ヤマギシでの生活を選択する決心をして、いまはまったくぶれない生活をおくることができている。

お金がなくても
まったく苦にならない生活

黒柳晶宏さんの場合

フィリピンでボランティア活動を

春日山実顕地の新規事業であるバイオガス発電プラントを担当するのは黒柳晶宏さん（二六歳）。

京都市で生まれて、中学生のとき、滋賀県に家族で移転。高校を卒業してから京都にあるコンピュータ専門学校へ進学する。しかし、専門学校四年生の卒業間近になって、コンピュータ関係の仕事には就きたくないと思った。

そこで黒柳さんが選んだ道は、ＮＧＯでのボランティア。ちょうど、あるＮＧＯがボランティアスタッフを募集していたのでそれに応募し、フィリピンにいった。そのＮＧＯは、日本に技術訓練実習生を送り出すＮＧＯ組織で、現地から参加している技術訓練実習生とともに現地で農業などを行った。

場所は、ミンダナオ島で、ムスリムが多かった。また、電気やガスがなく、自給自足の生活。買いものは車で二時間かけて町までいく。夕方になると薪を集め、火をおこして食事の支度をする。そんな毎日を一年間続けた。所持金は一五万円前後、足りなくなるかと思ったが、その金額で一年間過ごすことができた。黒柳さんにとっては初めての農業体験で、「農業もいいものだなと思った」という。

帰国後、農業がやりたいと、ヤマギシの会員でもある親戚の人に話をしたら「ヤマギシがあるよ」といわれて、大阪供給所の川渕通生さんを紹介され、そのつてで春日山実顕地にやってきた。

春日山実顕地で実習生に

そして、実習生に。二〇一四年六月のことだった。

そのときには、まだ青年海外協力隊にいきたいと思っていた。そのためには、実務を経験しておいたほうがいいと思っていた。二〇一四年一一月に、青年海外協力隊の一次試験があり、合格。二〇一五年一月に最終試験があり、それも合格。

その時点で、ヤマギシの実習生としてこのまま続けるのか、それとも、青年海外協力隊にいくのか、二つの選択肢ができた。黒柳さんは、自分のこれからの人生について悩み、どうしたいのか考え続けた。

なぜ、青年海外協力隊に自分はいきたいと思っているのか。それは、就職に有利なことと、海外にいきたいと思っていたこと、途上国が好きだったから、といったそんな理由しか浮かばなかった。純粋に、完全に国際協力精神のもとで志望していたわけではなかった。

そのことに気づいた時点で、青年海外協力隊はいつでもいける、だからいまは、自分としてはヤマギシを離れたくない、という思いが日増しに募ってきた。そして、黒柳さんが選んだ道は実習生としてそのままヤマギシに残ることだった。配属されたのは酪農部。黒柳さんはいう。

「自分としては農業をやるつもりでヤマギシにきたのに、酪農部に配置されて乳牛の世話をすることになったので、最初は何だこりゃと思った。しかし、いろいろ教えてもらいながら仕事をやっていくうちに、やりたいことをやらせてもらえるようになった。実習生というよりも一緒に仕事をしているという感じ」

特講前と特講後の自分

そのときにはまだ、特講にはいっていなかった。村人との共通の話題がないことや、特講ってどんなことをするのだろうという好奇心から、二〇一四年八月に特講を受けた。

「最後まで特講で出されたテーマや、特講そのものの意味がわからなかった。自分としては、腹の立たない人になるのが目標でやってきたのかな？　と自問自答したりもした」

特講を受けてから自分が変わったことは何か？

「村の人たちは哲学的なことやいろいろなことを考えて暮らしているのだなと、村人への見方が少しだけ変わった。それからは、特講のときに出されたようなテーマについても、村人とよく話をするようになった。自分がなりたい人になれるような気がするようにもなったし、なりたいと思う自分がそこにいた。また、人に優しくなりたいとか、こういうときに自分の感情が出てくるのは嫌だなと思ったり、腹の立たない人になりたいとは思うけど……そう考えるのはいいことだと思うようになった」

研鑽学校へ

研鑽学校へ入学したのは、二〇一五年五月。いったんはあきらめかけていた青年海外協力隊への道だったが、そのときにはまだ、心のなかに青年海外協力隊にいきたいという気持ちが少しはあったので、研鑽学校でじっくりこれからの生き方を考えたいと思ったのが、研鑽学校入学の動機だった。参加者は一五名。

「研鑽学校は面白かった。これからの生き方をしっかり考えることができたし、人生についてもいろいろ考えることができた」

そういう意味では、黒柳さんにとって研鑽学校はとても大事な時間だった。そして、研鑽学校が終わった翌日、参画の旨を申し出た。

参画の決め手とは

黒柳さんが、研鑽学校の翌日に参画を申請したその理由とは何か？

「自分がやりたいことをほかでできないというわけでないが、自分の人生において、ヤマギシで生活していくほうが楽しいだろうなと思ったから。また、同じ考えを共有している人がいるのはいいな、とも思った。ただ、自分がヤマギシの生活にあわなかったら出ていけばいいし、ヤマギシでなければならないという決めつけはなかった。参画ということが、そんなに重い感じではなかった」

父母には「ヤマギシに参画するよ」と伝えたが、好きにしたらいいという感じだった。ただ、父親はインターネットでヤマギシの情報を集め、母親は質問リストをつくって、食事は？　風呂は？　といった問いに、黒柳さんが答える前に父親が答えるという場面もあって、思わず笑ってしまったとか。

参画後の生活は？

黒柳さんが参画して生活が大きく変わったことはないが、考え方が主体的になった。

「こうなったらいいな」という願望めいたものから、「こうしたほうがいい」と、はっきりした意思表示をするように、ものの言い方や答え方も徐々に変わってきた。自分のしたいように職場をつくったり、いいたいことをいえるようになり、気持ちが楽になった。

酪農部の朝は早い。午前四時半には職場について、五時から搾乳を始める。いまは、バイオガス発電プラントも担当しているので毎日が忙しい。

休日は、寝ているか、コンピュータをさわっているかだが、もし、日曜日に休みが取れたら、地域のボランティア活動にでかけたいという。

お金のいらないヤマギシの生活とは

ヤマギシにきて二カ月ぐらいまでは、金がほしいなという思いもあったが、次第に、金などどうでもいいと思うようになった。

「お金は好きで、稼ぐのは好き。ただ、お金を使いたいから好きというわけではない。仕事は楽しいし、お金がなくても苦にならない。財布のなかに三〇円しかないことはざらにあるが、それでも全然、余裕。専門学校のときにひとり暮らしをしていたが、バイトの給料日前になると、弁当ひとつ買うのにもどうしようかと悩んでいた」

ヤマギシのイズム生活については、こんなことをいう。

「最初にヤマギシズムの理念の話をきいたら、きっと怖いと思ったに違いない。たとえば、『この部屋に二人いるのは事実ですか？』というテーマがあるが、そのことを真剣に考えるのはいいことだと思うけど、正直、そういうテーマを出すのはやめてほしい。『われ、ひとと共に繁栄せん』だけを考え続けるだけでいいのではないかと思ったりする」

いま、仕事は充実しているし、実習生の頃から結構、目をかけられていたのだと思うという。いまは、酪農とバイオガス発電プラントの仕事で充実しているが、いってみたい実顕地があるそうだ。

「秋田県の大潟実顕地にいってみたい。そこに尊敬できる、好きな人がいる。その人は、考え方や人との接触の仕方などをよく見ていると思うし、カリスマ性がある。ヤマギシって、けっこう、各実顕地に尊敬できる人が多い。自分が思いつかないようなことをいう人や考えている人に出会うと、衝撃を受ける。頭が柔らかいというのか。ほんと、ヤマギシの村の人たちは、頭から否定することはあまりない。何かを提案してみたり、いってみると、『それはそうだけど、また一方では、こういうこともあるんだよ』というように、提案した人に考える余地を残してくれている。それもまたいいかな、と思う」

これからの高齢化や、自分の親のことを考えると、産業としてヤマギシで老人ホームなどをやってはどうかと思っている。ヤマギシの老蘇（おいそ）さんをみていて、自分もあのような年寄りになりたい、八〇歳ぐらいになって、一緒にやってきた仲間と楽しめるのはいいのではないかと、笑う。

純粋に自分たちの人生を楽しめる

葛原光太郎さん・桃子さん夫妻の場合

語り草となった武勇伝

三重県の磯部農場で養豚を営む葛原光太郎さん（三九歳）には、いまも語り継がれている武勇伝がある。

それは、二〇一五年に磯部農場がスタートするときのことである。当初、夏に磯部農場に移る予定が延びて、宿舎もまだ用意されていないなか、光太郎さんはひとりキャンピングカーを養豚場の空き地に止めて、車のなかで寝泊まりしながら豚の世話を、一カ月も続けたのだ。風呂はないし、ご飯を食べるところもない。夜になるとあたりは真っ暗で、車のなかでひとりぼっち。週末に奥さんの桃子さんが待つ春日山実顕地に帰ってくるという非常に過酷な暮らしを続けたのだ。

その後、村人の西村敏夫さんと二人でアパートを借りて住み、そこから養豚場に通う毎日で、実際に磯部農場に移ったのは、九月三〇日のことだった。

このときの様子を奥さんの桃子さん（二七歳）は、「光太郎さんだからあんな生活ができたんだと思う」と力強く語る。「だから、光太郎さんはいつでも何でもやれる状態にいて、本当にみんなのことを考えていて、さっと自分でやってくれる。いつもそういう腹決めをしている」とも。

ヤマギシとの関わり

そもそも二人がヤマギシと関わりをもったきっかけは何か。

光太郎さんの場合は、両親が参画していて、幼い頃から実顕地で育ってきた。

桃子さんは、幼稚園の頃から楽園村に送り出され、ヤマギシズム学園幼年部、初等部へと入学し、両親が参画したのをきっかけに実顕地生活に。しかし、桃子さんが小学校六年生のときに、両親は実顕地を出て、神奈川に居を移した。桃子さんも両親と一緒に実顕地を出たが、豊里実顕地で暮らすいとこの両親と神奈川県で暮らすようになった。

その後、桃子さんはプログラマーとして働くようになった。あるとき、いとこのいる豊里実顕地に遊びにいき、肉牛部で作業をさせてもらったら、その作業がことのほか楽しくて、プログラマーを辞めて転職する決意で豊里実顕地に実習生として赴き、肉牛部で作業をするようになった。

光太郎さんが参画したのは、一八歳のとき、桃子さんが参画したのは二三歳のときである。

農場での生活

桃子さんは実習生になったときから思っていたことがある。それは？

「私はプログラマーをしていたときは、仕事が忙しく、徹夜で働くことも珍しくはなかった。あるとき、父に『おまえは仕事のために生活をしている。仕事とは生活のためにするものだ』といわれた。ところが、ヤマギシの村へきたら、仕事という感覚がない。すべてが暮らしで、ひとつの空間ですべて賄っている。仕事と生活をわけない感じが印象的で、暮らしをつくるために研鑽会があるという感じだった。また、お金のことを考えないで暮らすのはとても新鮮だと思った。実顕地にくる前の自分は、お金のために暮らしていたなと気づいた」

磯部農場に移ってから、この農場にきた意味を考えたこともあるが、あまりそういうことにとらわれるのはどうか、と思い、そんなことを考えるのをやめた。また、磯部農場へくる前はどんな暮らしだろうと思ったり、新しいことをやるという感じで、少し気負っていた面もあった。ところが、いざ、磯部農場にきてみたら、何のことはない、ふつうの暮らしがそこにはあり、みんなで農場の暮らしをつくっていこうという、春日山実顕地と同じようなヤマギシズムの生活が待っていた。

光太郎さんは毎日、車で養豚場まで通っている。そんな光太郎さんの農場生活の印象はどうか。

「ほかの生き方は考えたことがないし、だからといって自分がヤマギシ的な生き方ができているかどうかはまだよくわからない。お金のことを考えて暮らすよりは、仕組み的にお金と離れたところで、実際に自分の人生が考えられており、何を考えるにしても、お金のことを真っ先に考えることはない。人との関係や職場の進め方を純粋に考えられるのがいい。よく、みんなと一緒にとか、みんなでつくっていくというが、全員でやっていればそれでいいのかと思ったり、いっていることの中身が変わってきたり、個人としてはどんな人生になるのかはっきりしているようで、まだまだ考えることがあったり……。そんななかで、自分のことはあまり考えていないようにも思う。職場の人とどうやって接していこうかとか、その人がやりがいのある職場にするためにはどうしたらいいのかとか、どういうことがいまは求められているのか、そんなことばかりを考えている。だから、いつも試行錯誤の毎日だ」

まだ誕生したばかりの磯部農場。わずか三家族のこじんまりした農場だが、海辺の近くにあり、景色は抜群で、生活環境としては申し分がない。

「豊里ファームの企画・立ち上げに参加　尹誠浚さん・梶山ハイジさん夫妻の場合」

一度は村を出ようと思った

お父さんが韓国実顕地の創設メンバーである尹誠浚さん（四一歳）が豊里実顕地に初めてやってきたのは、ヤマギシズム学園の高等部に入学したときだった。しかし、いったん兵役があるため韓国に帰り、兵役を済ませてからドイツやスイスの実顕地をまわり、五年か六年前に再び豊里実顕地にやってきた。

尹誠浚さんは、一〇歳の頃までは韓国のソウルに住んでいたが、父親がヤマギシズム実顕地をソウルから南へ車で約一時間ほどいった田舎につくったため、そこに移住した。尹誠浚さんはいう。

「子どもの頃は、実顕地生活は楽しかった。しかし、大人になるにつれて、プライベートな空間が欲しいと思うようになった。また、みんな同じ家に住み、何かあったらすぐにみんなに知れ渡ることも嫌だった。兵役を終えて、再び、実顕地に住み始めたが、やたらと決まりごとが多くて、こんな堅苦しい生活は面白くないと思い、村から出る寸前までいった。そのときに、日本にいったら、高等部で一緒にやっていた同窓生から、もう一年、もうちょっとやってみないかと、実顕地を出るのを止められた。そこで、ドイツやスイスの実顕地をまわってみて、あらためてヤマギシでやっていこうと思った」

豊里ファーム

お父さんと一緒に生活するのも大変だし、反発もした。何かに依存しているような感じがしたり、ひとりの男として、親とはまったく関係のないところでやっていきたいと思い、豊里実顕地にやってきたのだ。

特講は高等部三年のときに、一般の人と一緒に受けた。研鑽学校は高等部が終わる年に入学した。

豊里ファームの立ち上げに参加

現在の職場は供給流通部所属。実際には、豊里ファームの担当で、豊里ファームの立ち上げから参加した。火曜日は休日だが、それ以外は朝早く豊里ファームに出向く毎日。商品の品だしや発注を行う。人手が足りないときはレジもやる。豊里ファームがオープンしてから、二〇一六年四月でちょうど三年が過ぎた。二〇一五年一二月三〇日は一日で二〇〇万円を売り上げたこともある。

三歳のときから豊里実顕地に

一方、ハイジさん（二四歳）はスイスの実顕地で生まれ、三歳のときに両親と共に日本の豊里実顕地にやってきた。特講は二〇一四年から二〇一五年の年末年始に受けて、研鑽学校は入籍をしたあとの二〇一五年一〇月に入学した。

現在の職場は幼年部の世話係。毎日が楽しいし、いろいろ好きにやらせてもらえるのがいいという。朝は六時三〇分頃に起きて幼年部に出向き、子どもたちを起こして一緒に朝食を食べ、掃除をしてから、その日の都合によって何をやるか違うが、マラソンをしたり、工作をしたりとさまざまなことをして過ごす。ハイジさんはいう。

「大学生のときにけっこう不規則な生活をしていたので、初めは三食を食べてという規則的な生活がしんどかったし、子どもたちが騒ぐとそれが気になったりしたが、いまは子どもたちも落ち着いてきたし、勝手がわかってきたので、楽しくなってきた」

これといって二人に不満はないが、二人で過ごす時間がもっと欲しいという。ハイジさんは豊里ファームの手伝いにでかけることもあるという。

ハイジさんと幼年部の子どもたち

実顕地同士が交流を深め始めた

尹誠浚さんはいう。

「これからは実顕地も人が増えていくと思う。というのは、以前に比べると、実顕地内で村人同士が親しくなってきている。村人同士が親しくなければ、外からも人がやってきにくい。実顕地のなかでもそれぞれの気風があるが、いまは実顕地同士も親しくつき合いだして、交流が活発になってきている。豊里実顕地でも、自分の職場は置いといて、他の職場に応援にいったりして、『決まり感』がなくなってきた。いい感じになってきていると思う。春日山実顕地は元々村人同士が親しかったが、実顕地内や、実顕地同士が親しく交流し出すと、自然と外からも人がやってきてくれるようになると思う」

出身地の韓国実顕地が気にならないわけではないが、韓国は特講の回数が今年は増えそうだという。これまで年二回程度開いていた特講が、今年は四回から五回は開く予定だということ。実顕地に人を集めるキーマンがはいってきたおかげだそうである。

このようにヤマギシズム実顕地はいま、世代交代をはじめ、いろいろな決まりごとが見直されて、以前とは驚くほど変わりつつある。それも村人にとってはいい傾向ではないかと尹誠浚さんはいう。

いま、ヤマギシズム実顕地では、確実に後継者たちが育ちつつある。この先、世の中どう変わるかわからない。しかし、ヤマギシズム理念を実践する実顕地に生きる若者たちに不安や不満はあまりない。お金に固執する生き方とは無縁にいられることの喜びと楽しさに満ちた生活を満喫しているように思える。ヤマギシの社会は彼ら若者たちに引き継がれてどう変わっていくのか、先行きが非常に楽しみでもある。

第三章

恋愛と結婚

全国に数あるヤマギシズム実顕地のなかで、豊里実顕地には約五〇〇人、春日山実顕地では約二五〇人の村人が暮らしている。このふたつがもっとも規模が大きい実顕地だ。そこで気になるのが、村人の恋愛や結婚である。参画するときは、夫婦揃って参画する場合や、男性ひとり、女性ひとりで参画したり、子どもも含めて家族全員で参画したり、参画する形態は人によってそれぞれ違う。

大人数がひとつの共同体のなかで生活するわけだから、当然、男女の恋愛問題や結婚問題は浮上してくる。年頃になれば、彼女や彼氏が欲しいし、結婚もしたいと思うのは、人間の性だといっていい。

いったい、ヤマギシズム実顕地という共同体（コミュニティ）のなかでは、こうした恋愛、結婚はどのようにして進展していくか。

そこで、まず、恋愛と結婚について、春日山実顕地に暮らす、奥田なな瀬さん（四〇歳）と、藤川正美さん（四八歳）、稲井ゆかりさん（四〇歳）の三人に集まってもらって、ヤマギシズム実顕地における、村人たちの恋愛と結婚について思う存分、語り合ってもらった。奥田さんと藤川さんは共に参画して二〇年以上の歳月が経つ。稲井さんは実顕地で生まれ育った生粋のヤマギシっ子（という言葉があればだが）。

鼎談　女性たちの恋愛・結婚談議

ヤマギシでの結婚について

――ヤマギシでは、結婚はどうやってするのですか？

稲井　みんな村で結婚している。

奥田　私は紹介してもらったから、俗にいうお見合いです。私はあまりお見合いはしたくなかったけど、自分がお世話になっている実顕地の人と、主人の職場の人が研鑽学校で意気投合し、お見合いをさせたらいいとなって、勝手に写真をおくったりしてきて……。私はそのとき、奥田とは会わないといったけど、美味しい料理を食べるだけでいいからといわれて、奥田と会うことになった。というのは、そのとき、愛和館の食を担当していたこともあって、おいしい料理には興味があった。でも、会ったとき、最初は何もしゃべらなかった。

稲井　おいしい料理の店にいったんだよね。で、ひと言もしゃべらなかったの？

奥田　いや、最後はしゃべったけどね。このまま何もしゃべらないで終わりにすることはできたけど、せっかくの機会だし、このまま終わったら惜しいような気がして、次も会う約束をした。それからは一緒に遊びにいったり、交際を深めていった。

稲井　へぇー、そうだったんや。

奥田　実顕地も違っていたしね。

――ヤマギシって、お見合いが多いんですか？

藤川　私はお見合いではありません。藤川がこの娘《こ》いいなと決めて、結婚調正の世話係に提案するために、世話係に会いにいったらしい。

――その場合、世話係はお互いの相性を調べたりするんですか？

奥田　昔は、老蘇さんのなかでそんなことをする人がいたけどね。

藤川　こういう感じの人だったら、この娘がいいかなとかあるじゃないですか。

稲井　そういうのを遠目に見てくれていた人はいたかもしれないね。でも、それだけではなくて、お互いの気持ちもやはり尊重して。

奥田　無理やり二人を結びつけることはできない。

じゃじゃ馬娘ならではの葛藤

藤川　私は、向こう（主人）が結婚したいといってきたけど、私はその前に村で結婚することについて、まわりからいろいろといわれていた。私、結婚する前はけっこうじゃじゃ馬娘だったんですよ。結婚するんだったら地元を離れるのが嫌とか、顔はこういうのがいいとか、あのおっさんは嫌とか、そんなことばかりいっていたら、「だったら、あんた、村を出ていったらいいよ」といわれた。「本当にそういう結婚がしたいんだったら、実顕地にいる意味はないし、そういう幸せをつかみたいのなら、村から出ていきな」といわれた。また、「そんな自分だったら、村ではやれないよ、結婚しても幸せになれないよ」ともいわれた。口調はそんなにきつくはなかったけど。そして、職場もいかなくてもいいとも。

――それはひどい。

藤川　いやいや、自分がどういう人間で、どんなふうなのだろうかなどは一切考えていなくて、相手を指さして、ああだこうだといってばかりいた人間だったので、そんな娘だったら、結婚できないんじゃないか、といわれたんだろうなと思った。

稲井　それで考えたわけですね。

藤川　そういわれたことについては、素直にそうだなと思ったよね。仕事にこなくてもいいからちょっと考えてといわれ、二日ぐらい考えた。あとになってからだけどね、これで私が「村を出ていったらいいよ」といわれて、「はい、そうですね」といっていたら、村から追い出すつもりだといわれた。でも、そういわれて悩んだ。職場にいったら自分の好きなことをやっていられるんだけど、それも止められてたから何もできなかった。

稲井　そうなんだ。

考え直したから結婚できた

藤川　自分は人のことばかりみていて、自分のことは考えていなかったなと思い、反省というよりも、「私考えていなかったので、どうしたらいいのかな」と、注意してくれた人のところへ相談にいった。「じゃあ、いまからそこを考えましょうか」といわれて、特講で使用している青本を渡されて「読め」と。そんなにきつい口調ではなく、やさしくですよ。

――それは、結婚調正機関の人ですか？

藤川　いや、村をみているお母さんのような人。でも、相談にいってなくて、どうしたらいいかを考えていなかったら、私は未だに結婚はしていないし、おとこおんなみたいになっていたと思う。

奥田　常に夢を追いかけているしね。

藤川　あそこでやっぱり自分がどうしたらいいのか、壁にぶちあたったんですよ。そこまで追い込まれなかったら私、いつまでも男の人と一緒になって仕事をしたり、ちょっと訳のわからない女になっていたかなと思います。

その人だけではなく、まわりの人何人かから、「そんなんでは幸せにはなれないよ」といわれたから、「えっ、私はこんなんでは幸せになれないのか?」「張り切ってやっているのに何で幸せになれないだろう」とも思った。

――結婚のきっかけは?

藤川　「そういうふうに結婚への準備をしていたら、お見合いの話がくるかもね」といわれた。そして、私が誰かと結婚するかもしれないという噂が流れたので、藤川が慌てて、私との結婚を提案しにいった。そのときは、藤川と別につきあっているとか、仲良くしていたとかはないですよ。

稲井　藤川さんと一緒の職場だった?

藤川　ええ、一緒の職場だった。

――正美さんはご主人のことをいいなと思っていたんですか?

藤川　主人が私のことをいいなと思っていた。私のほうは、おっさんがくるかな、誰がくるかな、こんな人だったら嫌だなとか思っていたけど、まだ結婚の話がきてもいないのに、そんなこといったら、また何をいっているんだといわれると思っていたから、黙っていた。それに、「結婚はどうかなとまわりが思ったときに、あんたの嫌がる人を選ばないよ」と世話係の人にいわれて、「ああ、そうね」と思った。

――かたちとしては、お見合いになるんですか？

藤川　紹介みたいなかたちですね。「藤川が正美さんとの結婚を提案してきているから、それをちょっと考えてくれ」といわれた。主人とは同じ実顕地だったから、みんなも「へえー」と驚いたり、私は私で同じ実顕地にはいるけど、仲良くしていたわけではないし、「なんで急に藤川さんがいってくるんだ」という気持ちになったりした。しかし、自分たち二人の性格などを考えたら、藤川と私は真逆の性格だから、組み合わせとしてはいいのではないかという話もあって、「一応、調正は通ってきているけど、あんたの気持ちはどう？」っていわれて……。

不機嫌な花嫁

――それで結婚したんですか？

藤川　私はそのときから一年半ぐらい、別の実顕地にいって、藤川は藤川で、ちょっと変わっているから、いろいろあって、途中、結婚をやめようといってきたことがあった。「それは恋愛感情じゃないから、結婚をやめようといってくるんだよね」と周囲にいうと、

「いま、藤川さんは男としていろいろやっているから、あなたは自分のことをしっかりやっときなさい、こういう話は藤川さんがどうするか考えることであって、あんたは自分のことをちゃんとやっときなさい」といわれて、「はい、はい」という感じでした。

だから、私は研鑽学校へいったり、村のみんなと一緒にいろいろなことをやりながら過ごしていた。そんな日々を過ごしていると、「やっぱり、私はみんなと一緒にやっていくんだな」と思えてきた。そして、結婚の日取りが決まったときに、私は東部農場へ配属となった。

結婚したらてっきり、内部川実顕地に帰れると思っていたから、めちゃくちゃ機嫌の悪い花嫁だった。

稲井　そうなの？　何で内部川実顕地に帰る気、満々だったの？

藤川　だって、内部川実顕地でみんなと一緒に養鶏をやれると思っていたもの。一年間、花嫁修業の意味で、阿山実顕地で幼年さんなど子どもの世話をしたりして、結婚の日を待っていたのに、急に配置が変わって、東部農場の、しかも養豚だよ。私は養鶏をやるつもりだったのに、だけどまたそうやって偉そうにいうと、何かをいわれるしね。

——恋愛感情は？

藤川　恋愛感情はないとはいわないが、「いやあ、好きです！」というような熱の入り方ではなく、もうちょっと落ち着いた感じのものだった。でも、焼き餅は焼くんですよ。

――基本的には好きだったんだ。

藤川　好きになっていくという感じかな。

稲井　気持ちがだんだん好きになるという感じだよね。

藤川　だって、子どもが保育園へいきだしたら、ママ友なんかができるわけですよ。藤川は外面がいいもので、「お誕生日おめでとう、またよろしくね」と、ママ友にメールを打っているもの。「うっ、これは誰にいっているんだ」と問い詰めると、寝ぼけた感じで「なんですか」といったり。

稲井　藤川さんは社交的ですよね。

藤川　ほんと、社交的です。私は逆に出不精だけどね。

ヤマギシでの離婚

――ヤマギシでは離婚は多いですか？

奥田　私の若い頃はけっこう離婚が多かった。参画した人のなかには、どちらか一方はしっかり腹を決めて、村でヤマギシズム生活を実践すると決意してやってきているが、その人のパートナーはそこまでの腹決めをしていなくて、単にその人について村にやってきたというカップルの場合、実顕地で生活していくなかで、けっこう格好いい人が現れたりしたら、カップルの一方がその格好いい人とくっつくとか。最近はたまに離婚はあるけど、まあ、世間並みかな。

藤川 あの二人は離婚するなと、まわりがわかるみたいな。

奥田 それは、周囲からみても無理がある場合とか、いまは、離婚は昔ほどではない気がする。

藤川 新しい人があまりはいってこないしね。

奥田 目新しい人とか、格好いい人とかあまり村にはいってこないしね。職場でいっしょにいる時間が長く、子どももも学園にいきっぱなしになると……。

稲井 職場で一緒に過ごす人が近くなるのかな?

藤川 自分がお母さんだってことをふと忘れてしまうのかもね。

奥田 いまはもう月二回、子どもが帰ってきて、家族で過ごす時間もあるし。

藤川 いまは、村の用事もあるし、子どもの用事があったりするからね。

奥田 そうだよね。

——ある村人から離婚についてこんなエピソードを聞きました。タイ実顕地に長くいた人が日本に帰ってきて、昔の実顕地メンバーに会って、「やあ、元気?」といったあと、「奥

さん、元気？」といわないようにしているとか。知らぬ間に奥さんが変わっていたりするから、やたらと「奥さん、元気？」とは聞けないとか。私も知り合いが離婚してビックリしたことがあります。

奥田　ある意味、ヤマギシにいる人は自由人かもね。婚姻関係にとらわれていないというか。逆に、離婚しても生活が困るとかはないし。

藤川　あとは腹をくくって、子どものことは自分が面倒をみたらいいんだと思うとか。

奥田　どっちかというと、再婚した当初は、きらきらしているパターンも多いよね。でも、別れてまだひとりの人は、ちょっとね。うまく誰かを見つけられたらいいけど。

——同じ実顕地で離婚した者同士が暮らすのは当人にとって苦痛じゃないですか？

稲井　別れた人同士が？　人によるかな。

藤川　人によるだろうね。

村での結婚式

——ところで、村での結婚式は毎月あるんですか？

藤川　毎月はないです。年に二回ぐらいかな。各実顕地ではいろいろとあると思います。

——いま春日山実顕地で独身の若者がけっこういますけど。

稲井　そう、彼らが結婚するのを待っているんだけどね。

奥田　いまはどちらかといえば、女の子が少ないかな。春日山でも若いのは二人ぐらいしかいないもの。

藤川　若いからだんだん、理想が高くなったかもしれないね。

奥田　どっちかというと男の人が多い。豊里実顕地もそうだし。どっかから見つけてくるぐらいじゃないとね。

――結婚にあたっては、相手が参画していないと駄目なんでしょ？

藤川　いや、いまは参画していなくても結婚できますよ。本人がその気があればね。

――参画が条件だという人もいますが。

奥田　難しいわね。参画して村でやっていこうという人と、そこはやっぱりできませんという人だったら、最終的には、どちらかが参画しなければならないかもね。

藤川　同じ方向を向いていなかったら、村で結婚して一緒に生活していくのは無理だものね。結婚だけするのだったら、私のように外へ出たらいいでしょ、となるでしょ。生き方ではなく、好きな娘と結婚したいのだったら、村を出てやることも考えられるよと。

稲井　でも、その人と一緒に村でやっていきたいというのなら、最終的には参画して、この村でやるしかないわね。

藤川　または、男の子が村を出ていくかのどっちかだね。

稲井　そうだね。

結婚調正機関

――結婚調正機関はいまは?

奥田　一応、結婚の窓口だからね。でもいまは、あの人とこの人を結びつけたりということはやっていないと思う。

藤川　いまはたぶん、本人同士がその気になって、提案してくる例が多い。

奥田　いまは、お見合いとかあるかな。私で最後ぐらいかな……。ただ、世話好きなおばちゃんとかいるからね。

藤川　でも、本人にその気がなかったり、向こうもその気じゃなかったら、話は消えていく。

初対面とは思えない印象を

――稲井さんはどういうかたちで結婚したんですか?

稲井　私はお見合いです。私の主人は観音寺実顕地にいて、何かこだわりがあったのか、四〇歳になるまでは結婚しないといっていた。私も主人も春日山実顕地で生まれ育ったんです。主人は宮大工を目指していて、一回、村を出ました。そして、住み込みで働かせてもらっていた。村に帰ってきたのは三七歳のとき。その間に、主人のほうにはお見合いの話が何回かあったけど、断り続けていた。そのとき、主人がほかの女性とお見合いをしていたら、私との出会いはなかった。

私は三重県の美里実顕地にいたときに、外勤を二年間させてもらったり、それが楽しくてしょうがなくて、花屋さんだったけど、独身生活を最大限に満喫していた。

そして、勤めていた花屋さんが支店を出すという話があって、私に店長をやらないか、という魅力的な話が舞い込んだ。そんなとき、主人と会ってみないかといわれた。独身を満喫していたけれど、いずれは結婚したいし、子どもも欲しいしと思っていたので、じゃあ、会ってみようかとなったわけです。

藤川　そのとき、ゆかりちゃんは何歳だったの？

稲井　私はそのとき、二五歳か二六歳だったと思う。そして、主人と会ったんですが、初めて会ったという感じじゃなかったの。

奥田　同じ村育ちだったからかな。

腹を決めたときにお嫁に

稲井　何か懐かしいような感じがして、何だこの感じはとか思ったりした。で、もし、この人と結婚するとなると、この人の両親と一緒にやっていくことだよねと思って、そういう壁があったから、私も一年半ぐらい悩んだ。その間、観音寺実顕地から主人がきて一緒に遊んだりしたけど、そんな時期を経て、主人との結婚は両親も込みだと腹が据わったときに、観音寺実顕地にお嫁にいきました。

藤川　観音寺実顕地には何年、住んでいたの？

稲井　二年間です。そして、お腹に一〇カ月の子どもがいて、観音寺実顕地で子育てをするつもりでいたけど、主人が腰をやられたり、私も太陽の家で子育てをしたいという気持ちがあり、両親も三重県地区で一緒に住んだらどうかというのもあって、臨月のときに、春日山実顕地に引っ越ししました。それからずっと春日山実顕地住まいです。

藤川　ひとり、ひとりいろんなドラマがありますね。

――ありがとうございました。

（二〇一六年一月収録・春日山実顕地）

では次に、最近といっても、三年以内ぐらいに結婚したヤマギシの村人たちを紹介しよう。彼らは、ヤマギシでの恋愛や結婚についてどう考えているのか。

参画と結婚

若い人は恋愛結婚が多い

二〇一三年二月に結婚し、女児とともに磯部農場で暮らす葛原光太郎さんと桃子さん。二人の出会いは、二〇一一年三月一一日に東北地方の海岸部を襲った東日本大震災のときである。このとき、ヤマギシでは国際ＮＧＯのＪＥＮを通じて、延べ約八〇〇人を送り出し、食材もち込みで、石巻市の中屋敷地区で四月から七月まで毎日三〇〇食、鹿妻地区で五月から六月初めに毎日四〇〇食の炊き出しをした。

このとき、石巻市の炊き出しに参加していた光太郎さんと、桃子さんは出会った。そしてときを経て、桃子さんが豊里実顕地で実習生として働いていたとき、四国の観音寺実顕地に交流機会があり、桃の収穫に出かけたときに、光太郎さんと再会した。

光太郎さんの桃子さんに対する印象は、「明るくて前向きな人、何でも楽しんでやって

石巻市で行われた
炊き出しの様子

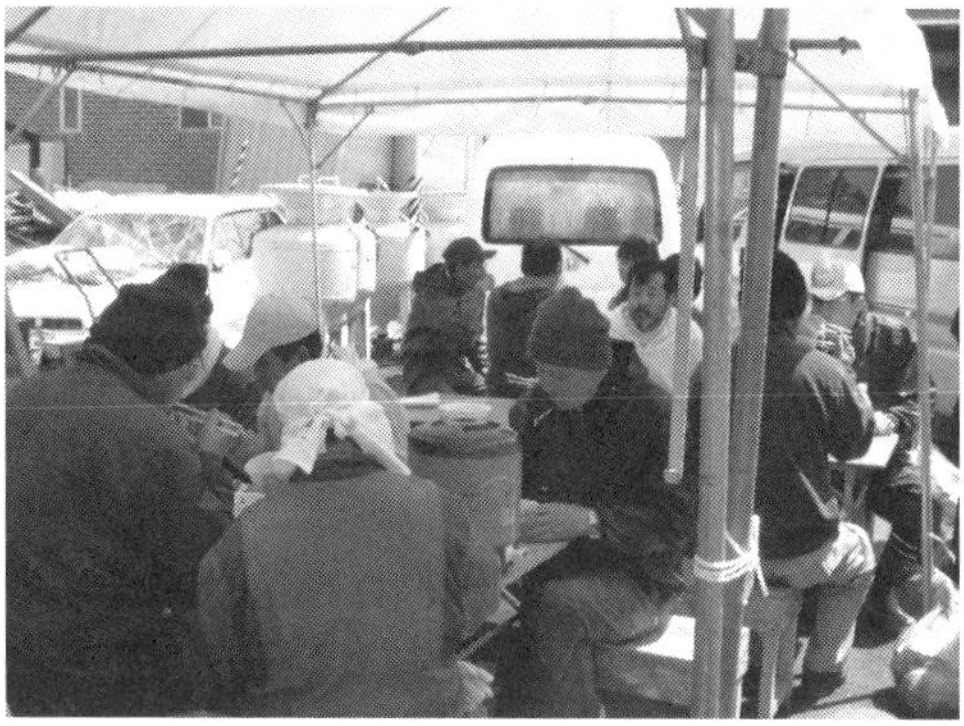

いる人」というものだった。一方、桃子さんの光太郎に対する印象は、「こんな楽しい人はいない、気が合うし、人間が柔らかい、人間ができている人」というものだった。

再会したことで二人の交際はスタートした。

桃子さんはいう。

「結婚調正機関というものはありますが、現在は、昔ほど活発に男女の仲を取りもったりしているわけではないと思います。若い人は恋愛結婚が多いのではないでしょうか」

光太郎さんもいう。

「結婚を決意したことをまわりの人、職場の人や世話になっている人に、ヤマギシではどうやって、どんな感じで結婚をすすめていったらいいのか相談しました」

参画しているかどうかは？

実顕地での結婚は、お互いが参画しているかどうかが、ひとつのハードルになっていると考えている人も多い。桃子さんは、「参画しないで結婚するのは、ちょっと違うのではないかと思い、光太郎さんに相談しました」という。

結婚の選択肢はいろいろとある。結婚するなら双方が参画して結婚する場合と、片方が参画しているが、パートナーは参画しないで、実顕地の外で暮らす場合、あるいは、双方がヤマギシを離れて、外の世界で結婚生活をおくる、といったように、いろいろなケースが考えられる。

光太郎さんは桃子さんの悩みに対して、一緒に考えてみようと提案した。そして、こう断言した。

「自分は桃子さんと一緒にやっていきたい、人生をともに歩んでいきたい。そして、ヤマギシの村のなかでやっていきたい。ヤマギシを離れて生活するのは非常に難しい」

桃子さんは、ふだんははっきりしていないことが多い光太郎さんが、このときは自分の意思をはっきり口にしたことで、自分も参画して結婚しようと思ったという。いまでは子どももでき、新しく誕生した磯部農場で暮らしている。

この二人の場合は、世間一般の多くの男女と同じように、恋愛をして、結婚をしたケースである。もうひと組、新婚ほやほやの二人の例を紹介してみよう。

結婚したいけどどうしたらいい?

二〇一五年一〇月四日に入籍し、豊里実顕地と韓国実顕地で結婚式をあげた、尹誠浚さん（四一歳）、梶山ハイジさん（二四歳）夫妻。尹誠浚さんがハイジさんと出会ったのは、ハイジさんが大学生のとき。尹誠浚さんは友人の奥さんにハイジさんとの橋渡しを頼んだ。そのときにいわれたのが「本気でいくのか」「結婚する気でつき合わないと駄目よ」と釘を刺された。尹誠浚さんは、「もちろんそのつもりだ」と意思表示をした。そして、その友人の奥さんはハイジさんに尹誠浚さんの気持ちを伝えた。

それまで、尹誠浚さんに「この人はどう」というお見合いや紹介の話があったが、共に生きていくのはハイジさんしかいないと心密かに決めていたので、それらの話はいつも断っていた。

それからは、尹誠浚さんは大学生であるハイジさんを大学まで迎えにいったり、二人で一緒にデートをしたりのつき合いが続いた。

尹誠浚さんがハイジさんにプロポーズしたのは、二〇一五年三月のこと。尹誠浚さんがハイジさんに「結婚してください」と心の内を吐露すると、ハイジさんは「いいよ」とあっさり承諾。

一度は、韓国へも二人で出かけたことがあるが、そのときは両親が住む実顕地には寄らず、一〇歳頃まで育ったソウルの町を案内して、帰国した。

尹誠浚さんも、いざ結婚となったときには、周囲の人たちに「結婚したいけどどうしたらいいか」と相談をした。

結婚調正機関の役割とは

結婚調正機関のことは、昔はそこでその人同士が結婚することを決められていたという話を聞いたことがあったが、尹誠浚さん自身は、結婚調正機関は男女の出会いの場をつくる機関という感じで思っていた。また、人を強制的に結婚させることができるのか、人生の一大事にそんなことができるわけがないとも。尹誠浚さんはいう。

「昔のヤマギシはいまよりもずっと忙しく、勢いがあり、男女とも朝から晩まで仕事をする人が多かったり、男らしさ、女らしさが強調されていたこともあり、男女別々でやっていたこともあって、結婚調正機関が積極的に男女を結びつける役割をしないと、男女がなかなか触れ合う機会がなかったのではないかと思います」

だから、人によっては強制的に結婚させられたという人もいる。その人はヤマギシの村を去っているが、結婚についてのとらえ方は村人それぞれで違うのではないかという。

参画してもしなくても問題はない

尹誠浚さんの場合は、ハイジさんと結婚しようとなった場合、その時点でまだハイジさんが参画をしていなかった。だから、結婚調正世話係に、「参画しても、参画しなくても、結婚そのものについては、あまり問題がないのではないか」と相談した。

実顕地の村人のなかには、参画していなければ結婚しては駄目だという人も未だにいるかもしれないが、それは、ケースバイケース。ひとり、ひとりそれぞれケースが違うのだから、一律に何かを決めるのではなく、そのときそのときで研鑽をしていけばいいのかなと、思っている。

「結婚については、参画していなくても問題がないという、そういう方向にしていこうとしているところです」

と尹誠浚さんはいう。

ヤマギシズム実顕地における村人たちの恋愛や結婚観も、以前とはずいぶん変わってきていることは確かである。恋愛や結婚についていっさい、決めつけることをせず、最終的には本人の自由意思に任せるという、流れがヤマギシという実顕地のなかでも違和感なく受け入れられつつある。

二〇年前、三〇年前とは時代も違うし、人々の意識も違ってきている。それは、恋愛や結婚のあり方についても同様である。ここにも新しい風が吹き始めている。

第四章

実顕地に暮らしてみて

出身地も生まれ育った環境も、受けてきた教育も、そして、これまで過ごしてきた人生の軌跡もそれぞれ異なる老若男女が、ヤマギシズム実顕地というひとつの共同体で暮らすために、何が必要なのか。

この取材を通じて出会ったある村人がこんなことをいっていた。

「もう二四年から二五年前のことになりますが、私が配属された実顕地は、何か意見が出ると必ず、村人がA、B二つにわかれた。この実顕地では村人たちの心が少しも寄らないし、温かくないし、面白くないと思ってみんな生活をしていた。たとえば、愛和館での料理でも、調理をする人は、村人みんなのご飯はメニュー通りにつくるが、自分のご飯は別につくって、部屋で食べていた。だから、最後には、この実顕地は一度ゼロにして、住んでいる人は他の実顕地に移るという案がでた。もしこれが受け入れられなければ、この実顕地は廃止するという方針が掲げられた。そこで村人はすべて他の実顕地に移り、新しい人が入ってきて、一から立て直すことになった」

それぞれの実顕地にはそれぞれの顔があり、雰囲気があり、人間関係がある。右記の話はその人間関係の負の部分が思い切り現れた証左なのだが、知らない人同士がひとつの財布で生活することの困難さを物語っているといってもいい。

しかし、そういう彼らだって、心のなかには、ヤマギシズム理念という教義を、特別講習研鑽会や研鑽学校でその基礎を学んだという共通点があるはずだ。

それ以外はほぼお互いの共通点はない。そんな人たちがひとつ屋根の下で、財布をひとつにした生活環境のなかで、何を考え、何を目標に、あるいは何に楽しみや生きがいを見出し、一緒に暮らし続けているのだろうか。この章では、実顕地の生活を、ある村人たちの考え方や生活ぶりを通して紹介をしてみたい。

まず、第三章の「恋愛と結婚」の項でも登場していただいた、奥田なな瀬さん、藤川正美さん、稲井ゆかりさんの三人に、ヤマギシズム実顕地の暮らしについて語り合ってもらった。奥田さんと藤川さんの職場は食生活で、愛和館を担当している。稲井さんは酪農部に所属している。

鼎談　ヤマギシズム実顕地の人々と暮らし

欲しいものがあれば提案するが、認められないことも

──ヤマギシの生活は楽しいですか？

藤川　楽しいですよ。

――娯楽はないでしょ？

奥田　娯楽はありますよ。

藤川　村のなかにはカラオケもあるし。

奥田　みんな密かにではないが、自分の趣味をもっている。仕事が休みの日とかには、趣味を満喫している人も多い。それこそ、山登りや釣りから、私でいえば、読書とか、子どもがいるから縫いものとか。村人のなかでは、けっこう本好きな人が多い。

藤川　車で二〇分もいけば図書館もあるし、夜、研鑽会が終わったあとに珈琲を飲みにいったり、こないだも呑み会にいきました。

――月一万円の小遣いでしょ？

藤川　呑み会のときは別にもらっていきました。

奥田　お茶飲みにいきたいとか、けっこう出してもらっている。

――お金が入り用のときはどうするんですか？

奥田　その場合は提案するんです。

藤川　でも、提案しても通らない場合がある。「いまはやめといたら」とか、「ここまでだよ」とか、調子をこいて目的が違ったりすると、そうなったときには「駄目！」とはいわないが、「ちょっと考えてみて」といわれる。

変わるのは何か必然性がある

——ヤマギシでは何かをいったときに、頭から否定はしないでしょ?

奥田　いや、頭から否定されたことはありますよ。私は昔ひどかったから、家のことでも急に事情があって住んでいるところを変わってほしいといってきたから、「意味わからんし」「やらんし」といって、一カ月以上、怒りまくって、ずっとそこに居座っていたことがある。そういう時代もありました。

藤川　そういうときもありますよ。職場を変われといわれて、絶対に変わらなかったら、案の定、職場でいろいろひずみがでてきた。自分はそのときはなぜ職場を変わるようにといわれたのか理由がわからなかった。しかし、後になってみて、動いたほうがいいといわれたときは、動いたらいいんだなと実感させられた。

——どんなふうにいわれるのですか?

藤川　「変われ!」とかはいわない。「変わってもらえないか」といわれる。

——何かをみているんですね?

藤川　全体のバランスなどを考えて、今後、こういう人がそっちにいったときに、どんな動きをするのかをたぶん、職場全体を見ている人は描いているのだと思う。でも、「そこで楽をしても成長は止まっているから、もうちょっと大きなところでやったら」といわれても、職場を移ることを自分が納得できなくて、小さいところでみんなでかたまってやっていると、だんだん仕事がやりにくくなったり、いざ自分が抜けたときにちょっと問題が生じたりしたのは、自分は職場を移ったらといわれたときはまったくわからなかったけど、こういうことになるんだなと思った。以前だと、さんざん文句をいって、「何で私が嫌だといっているのに聞いてくれないんですか」といったり、二〜三日経ってから、向こうが「正美さん、どう？」と聞いてきたから、「聞いてるのは私だよ！」とかいったり……。いまは、「動いたらどう」といわれたときは、素直に、動いたらいいんだなと思えるようになった。

藤川正美さん

奥田　でも、いまの時点でよりよいではなかろうかという理由によっての声がけだけど、職場を移ってみたことで、実際、どうなるかはわからない。

藤川　それはわからない。

奥田　そういうことはわからないし、いまの時点でよりよいものにというところを一緒にやろうとしているのだけど、「住まいを移ってほしい」といわれたときは、私はもう完全に後ろを向いていたから、怒って、泣きながら、ぎりぎりまで変わろうとはしなかった。

でも、半年に一度、自分を振り返る研鑽会があって、そこで自分が思っていることを全部いったときに、自分は相手のやり方がおかしいとかばかりをいっていて、自分は一緒にやろうとしていたのかな、どうかな、と気づいたときに、自分は変わることができた。

駄目だったら、また、変わればいい

藤川　仲良くやっていますよ。「いやいやといわないでやってみてよ、やって駄目だったらまた一緒に考えよう」という感じでいかないと前に進まないし、頭で思っているのと、やったのとでは実際、違うこともあるし、そうしたときにはまた、一緒に考えてやっていけばいい。

――それが研鑽生活なんですね？

藤川　駄目だったら、また変わろうねとか。たとえば、愛和館で、他の職場から「夜のお母さん」として入ってもらっているけど、その人が今日駄目だったら、「どうしてもあなたにやってもらいたい」とはいえない。以前だったら、「これないんだったら、誰か替わりの人を探しといて」といったこともあったが、そうすると役割の押しつけになってしまう。「夜のお母さん」がその人の都合で駄目になったときは、「ああ、わかった」といって、あとは食生活のほうで調整する。「今日、入れるよ」といわれると、「じゃあ、お願いします」とか、やってみてどう変わるかでやっている。しかし、そうはいっても、それが実際にやれているかどうかは別の話。

稲井　私も四月から、いま幼年にいる六歳の息子が家に帰ってきて、四月から小学校も始まって、学校から帰ってきたら、宿題をしたり、朝の準備をしたりという、そういう生活のスタイルになった。

そうなると、「夜のお母さん、どうしようかな」と思って、「この一年間はお休みをすることもできる」し、「じゃあ、三〇分だけやらせてもらえることもできる」し、といろいろ自分のなかで考えた。そんなとき、「そんなふうに思っているけどどうかな?」と、自分の考えを出すこともできる。

腹の立つことはある

——ヤマギシでは思っていることを研鑽会などでいえる機会があるから、ストレスをためたり、ストレスが爆発することはないでしょ?

藤川　えっ、爆発することはあります、ヤマギシでも。

稲井　爆発したら怖いわよ。

藤川　若い子からは「ターボエンジンを積んでいる」といわれている。私はすぐ熱くなるし、カーッとなりやすい。でも、そんな私をみんなが温かく受け入れてくれて、楽しくやらせてもらっている。

――爆発するんですか？

藤川　爆発しますよ。誰かがね、私のなかの押してはいけないスイッチを押すんですよ。そうやって私がどんな反応をするのかをみている。スイッチを押したほうは冷静だから「また、正美さんがやっちゃったよ」と思っているらしいけど、「ちょっといい加減にしたら」といわれると、なおさら爆発する。そんなことをたびたび繰り返しているけど。

――ええっ、ヤマギシの人って腹が立たないじゃないんですか？

藤川　「腹が立っているか？」といわれたら、腹が立っているとも、立っていないともいい切れないが、自分の気持ちが収まらないときはある。そんなときは、仕事が手につかなくなって、「なな瀬さ〜ん」といって泣きついたり……。

奥田　そんなとき、ちょっと煮物をしているから、ちょっと待ってと。私は基本、冷静だから。

稲井　いいコンビですね。

奥田　春日山の名コンビ。ちょっと怖がられているものね。気をつけるようにはしていますが。

藤川　声がでかいから、でかい声を出さないように気をつけている。「あんたたちの声、愛和館の外にまる聞こえよ！」といわれることもよくある。

怒られたり、泣いたり

――ところで、みなさん、明るいですね。

藤川　明るくないときもありますよ。ちょっと妬んでいるときとか。

奥田　奥のほうへいって泣いているときがあるものね。

――えっ、泣くんですか？

奥田　怒られるもん。

藤川　怒られるよね。村人のなかには、何をいっているのか理解できないことがある。また、自分が思ってもいないことをいわれると、「何をいってんだろう」と思って、泣いたりするけど、二～三年経ってから、「ああ、あのときはこういうことをいっていたんだ」とわかってくることも多い。

奥田　ものごとにちょっとでもこだわっていると、そのことを絶対に指摘される。

──こだわるとはどういう意味ですか？

奥田　たとえば、自分がこれがいちばんいいと一生懸命やったことが、「もっとこうしてほしかった」といわれたりすると……。

藤川　そこじゃないんだよね、っていわれる。

奥田　自分が最高にがんばってやってきたつもりなのに、そこじゃないといわれると、自分がこだわっているところを駄目だっていわれていると思い、自分は一生懸命やったのに認めてもらってないととらえて、正美さ～んと泣きついたりする。本当はそこをもっとやったらいいのではないかといわれていることなのにね。

藤川　ヤマギシでは、年齢の上下はあるが、いわゆる序列による上下関係はない。でも、年上の人には遠慮することはある。年上の人には気を遣う気持ちはあるけど、でもそうしているかどうかは別の話よね。年上の人に「いっているじゃないですか！」と少し強い口調でいったりすることもある。

あるとき、Kさんがバーッといってきたときに、「私は何をいっているか意味がわからない」と周囲の人たちにいったら、何人かに「察してもらえないか」といわれたことがある。「察するってどういうこと？　意味がわからない」といったら、ある人に「察するというよりも、そういっている背景には何か理由があるのかなと、そう思う回路をもうひとつつくってやったらいいのでは」と助言された。

誰が決めるのか？

――ところでいま、実顕地ではワニを飼いたいという話がでているとか？

奥田　今年（二〇一六年）の一月から稼働したバイオガス発電プラントからお湯ができるというので、ワニを飼いたいという人がいる。でも、「子どもが食べられたらどうするの？」といって、猛反対する人もいる。

藤川　枯山水をつくって、そこにお湯を入れて飼ったらいいんじゃないかな。

稲井　お湯を通して？

藤川　ワニは唐揚げにしても美味しいし、鶏肉みたい。私はオーストラリアで食べたことがある。ただ、毎日、唐揚げみたいには食べられないけどね。

稲井　いつだったか、ワニのジャーキーをお土産にもらったことがある。

――ワニを飼うというのはちょっとふつうじゃ考えられない。日本でも飼っているのは一カ所だけ。

奥田なな瀬さん

奥田　浜松ね。

稲井　あまり大きくならない種類とかいっていたわね。

奥田　肉だけでなく、ワニ皮をとって儲けたいのかな。

藤川　ワニなんかヤマギシでは飼いそうにないと思うんだけど、ヤマギシではやらないことを、やってみても面白いんじゃないかと思ってさ。そういうのもいいんじゃない？　だってさ、頭から「そういうのはやらないよ」といったら、話はそこで止まってしまうし。

――ワニを飼うといっても、みんなの意見が「飼う」にならないと、飼えないのでは？

稲井　そこがポイントなんだよね。全員の意見がワニを飼うのに賛成でないと、ワニは飼えないのか、と。

奥田　全員の意見が一致しないとやらないのか。あるいは、代表制にして、その担当する人が飼うと決めたら、飼うのか。でも、ワニを飼うと決めたときに、それは「村のワニになれるのか」。バイオガス発電プラントでも、「村のバイオガス発電になれるのか」、新牛舎にしても「村の新牛舎になれるのか」が、肝心なところだよね。

――でも、ワニを飼うというのは危険では？

奥田　危険なものって、村のなかにはたくさんありますよ。

稲井　ワニに手を噛まれたら、手がなくなってしまうかもしれないし。

奥田　バイオガス発電プラントでも、あの原料槽に落ちたら危険だ、という村人もいる。

藤川　だから、原料槽のまわりに柵を設けろとかね。

――そういえば、バイオガス発電プラントが北海道で爆発した例もありました。でも、メタンガスのバイオガス発電はいい事業ですよ。

稲井　担当の黒柳くんは五年で元が取れるといっていた。

子育てはしやすい

――ところで、実顕地では子育てがしやすいですか？

奥田　子どもが育てやすいとは、地域の人にはそういわれる。

――実際は？

奥田　実際はどうなんだろう。やはり、育てやすいかな。実顕地のなかで暮らしていると、なかには、村人に「疲れた」とか「大変だ」とか絶対にいわせないぞ、という人がいる。でもそういうのはやめてほしい。私らだって「疲れた」とか「大変」とかいいたいときもある。

稲井　でも、家計のやりくりが大変とか、疲れたとかはないかもね。

藤川　そういうのはない。暮らしぶりの不安はないもの。

お金の心配がない

藤川　とりあえず、お金の心配はない。村のなかだけだったらお金はいらないけど、外に子どもや孫などがいたら、ある程度のお金は必要かもしれないね。

――何かのプレゼントなどでお金が必要な場合もあるでしょ？

奥田　お金の出し入れについて明確な基準があるわけではないが、その都度、研鑽して、出せる場合もあるし、今回はやめておこうという場合もある。理論的には、実際にどうなっているのか。私は外部に何万円も出すような親族とかはいないので、よくわからない。

稲井　そうね、私もお金が必要だと感じたことはない。

奥田　逆はあるけどね。外にいる子どもたちが実顕地にいる親に旅行をプレゼントして、フランスにいってきたとか。それをみていきたいと思った人はどうなるんだろう。それも研鑽するのかな？

ストレスがないわけではない

――ところで、実顕地ではいいたいことがいえるので、ストレスを感じないのでは？

藤川　ストレスがないとはいい切れない。

奥田　やはり、ストレスは環境と自分との違いのなかで生じるもので、誰でもそういうのはあるからね。地域の人たちとのいろいろな接点もあるし、学校のＰＴＡの会合で、「この話はいつまで続くんだろう」と思うことがストレスになるし、この程度の話だとヤマギシだったら簡単に片がつくのに、その話に延々とつきあっている自分は何だろうと思うこともある。でも、自分から「こうすれば簡単に解決するのに」とはいえない。

――いえばいいじゃないですか？

奥田　いやいや、私はそんなにつき合いが深くない。

藤川　私はいっちゃうな。「もう帰ろう」と。でも、そういうと、地域の人に「何いってんのよ」と叱られる。

奥田　子どものいる人が夜の八時や九時までなぜ活動しなければならないのだろうね。

――地域のつき合いはけっこうあるのですか？

藤川　ＰＴＡの役員とかいろいろやっているからね。

地域の人のヤマギシをみる目が変わった

――そこで意見を闘わせるわけですか？

藤川　意見を闘わせはしないけど、私たちの意見についてはみんなから「子どもじゃないんだから」とよくいわれる。素直に自分の思っていることをいうでしょ。そうすると「あんた、子どもじゃないんだから、そんなこといわんと」とずいぶん諭されるが、最後には「あんたみたいに、そういえたら、楽やけどね」と収まる感じ。

――それでどうなるんですか？

藤川　どうにもならない。そういいながらみんなちょっとずつ仲良くなっていく。でも最初は「ヤマギシさん」と個人名ではなく、総称してそう呼ばれていた。そのうち仲良くなってくると、藤川さんという名字で呼ばれ、正美さんと下の名前で呼ばれるまでには、四年から五年はかかりました。

また、昔は親たちから、「ヤマギシの坂を上っていったら、ヤマギシの人に引きずり込まれると聞いていた」と地域の人たちから警戒されていたこともあった。しかし、いまは、「こんなきれいなバラ園があるから、見にいってもいいか」とか、「今日、買いものいってきたで」と気軽に声をかけられるようになった。そういう意味では、地域の人たちがヤマギシをみる目が変わってきている。毎月日曜市を開催しているが、たくさんの人たちがやってくる。

稲井　地域の人にとっても、ヤマギシとの垣根が低くなってきたよね。

藤川　ＰＴＡの役員も自分たちでするようになったり、呑み会にもいくし、カラオケも歌う。お酒の席やクラス会で子どもが問題になった話をしたり、だいぶ地域との交流ができてきている。

稲井　この前、体育部の呑み会をしたときに、「ちょっと聞いていい？」とか「気にしていたらゴメン」といわれて、「服は共用なの？」と問われた。

藤川　「お金はどうなっているの？」とか。

稲井　「全財産をなげうって入るでしょ、でも、出るときは無一文で何ももらえないの」とか、いろいろ聞いてくる。

――どう答えるんですか？

稲井　私は村で育ったから、私の場合じゃないんですがと断ったうえで、参画したけどやっぱり違っていたといって、村から離れたいという人には、一律ではないが、それなりに生活していける費用は出しているようですよ、服は共用じゃないですよ、といっておいた。

稲井ゆかりさん

奥田　台湾の人が特講を受けて、何でも共用だと思ったのか、名前のついている自転車を勝手に乗り回したりしている。

稲井　中国で共同体をしている方ですが、人の自転車を平気で乗り回したりしている。誰のものでもないと思っているのね。「自転車を勝手に乗っていかれて困っている」というクレームがきたよ。

藤川　誰のものでもない、というのを実践しているんだね。

愛和館～かたちにこだわるのを見直す

――ところで、毎日二五〇人分の料理をつくるのは大変じゃないですか？

奥田　その日、その日で役割を決めてシフトを組んで料理をつくっている。正月のおせちとかだったら、他の部からもいっぱい応援にきてもらうし、食事会などの行事があるときも他の部から人がやってくる。

稲井　今日は海苔巻きやるよ、春巻きをつくるよと、みんなに声をかけて、一緒につくったりしている。

奥田　ふつうは食生活部のほうから他の部へ人を送り出すことが多い。食生活は人数が二〇人ほどいるから、けっこう人の面でも融通が利きやすい。たとえば、今日は子どもの迎えがあるから私は五時までに料理を仕上げて、それ以降は、子どもが大きくなって手がかからない正美さんに任せてしまうとかね。

藤川　ずっとそばについていなければいけないメニューと、いったんつくっておいたらそ

春日山実顕地の愛和館

のままにしておいても大丈夫なメニュー、テーブルで調理する料理とか、いろいろな料理を組み合わせて出している。

奥田　昔の愛和館では、料理のつくり方講習があった。いまはそんな講習はないが、あるとき、しゃぶしゃぶを食べるときに、私らはいっぱい食べたいから肉を何枚も一緒につまんでしゃぶしゃぶしていたら、「肉は一枚、一枚とって、もっと丁寧に食べなさい」と怒られたことがある。昔は何かというとかたちにこだわっていた。

藤川　そういう意味ではずいぶん、変わってきている。

奥田　炊飯ジャーにもご飯を入れるようになったし。

稲井　まとめて炊いてね。

奥田　炊きたてのご飯を出したいという気持ちからの、そういうお櫃にご飯を取って出していたのが、いつの間にかそれがいいみたいになり、それがヤマギシの愛和館のあるべき姿になった。本当は美味しいご飯を出したいといっていたのが、かたちにこだわるようになっていた。でも、それはどうなんだろうと、去年（二〇一五年）見直しをして、ジャーにご飯をいっぱいいいれて出すのもいいのではないか、となった。

愛和館～何でもいいあえる

——凄い米の量ですよね。

奥田　そうですね。ふつうは夕食が米一〇升、昼食が六升で、夕食が鮭のちらし寿司のようなときは、夕食に一五升は炊くので、その日は合計すると二一升は炊きますね。米は三升釜で、一回、約四〇分で炊きあがる。

——無洗米ですか？

藤川　いや、無洗米ではなく、米は機械でといでいます。

奥田　カレーのルーなんかだと、百何十リットルつくるので、それをオールで漕ぐようにしてかきまぜる。

藤川　夕食で残った料理は次の日の昼食に。

奥田　ちょっと残るぐらいの量をつくるのが最高。料理の量がぎりぎりだったら、最後の人が食べてちょっと足りないかなと思ったりするかもしれないしね。

藤川　昼食のときは、前夜の夕食で残ったものはサブメニューとしてカウンターに置いておく。

――皆さん、よく食べますね。

奥田　そうですね。

藤川　でも、みんないろいろいってくるんですよ。今日の料理はしょっぱいとか、かたいとか、甘いとか。

奥田　家族みたいなものじゃないですかね。今日の料理はしょっぱいとか、いろいろいいあえるほうが家族らしい。いいたいことを我慢していたら、おかしくなったときがあった。前の実顕地にいたときですが、一生懸命料理をつくってくれているので、誰も何もその人にいえなくなったら、どんどん味噌汁の味がなくなって、その人と村人の間で食についで大きな開きができてしまった。実顕地の雰囲気もおかしくなったことがあった。

――味の好みは人それぞれで、どこに基準をもっていくかですね。

奥田　それもあるが、おでんにハンペンを入れて欲しいとか、なぜ、唐揚げは月に一回だとか、ラーメンに青ネギはおかしいとか、いろいろいわれています。

たとえば、モンゴルからの実習生は野菜を食べないで、肉ばかり食べている。だから、肉料理がないときは厨房に入ってきて、ごそごそ肉がないか探したりしている。そんなときは、朝、弁当でつくった残りのボリュームのあるものを渡したりして、ちょっと配慮はするようにしている。

愛和館～不評だったキャベツカレー

――ところで、愛和館のメニューはどうやって決めているのですか？

藤川　たとえば、一例をあげると、幼年部を考える親の会とか、小学生の学育を考える親の会とか、行事のあるときは、参加者が一緒になって話ができるようにと、鍋のメニューにしたり、自分たちが研鑽会があるときは、野菜など調理の必要があまりないようなメニューにするとか。お客さんがたくさんくるのだったら、あえて手がかかってもいいようなメニューにするとか。

――いままでで一番クレームが多かったメニューは？

奥田　キャベツカレー。

稲井　なんですか、それ？

奥田　ここは農家だから、いまある野菜をいかに工夫して出すかとか、旬のものを旬に出すとか、あるいは、季節を感じさせる料理にするとか、どこの家庭でもそうかもしれないが、そういったことを重視して、メニューを考えたりする。

あるとき、キャベツがたくさん取れたことがあった。そこで、「オレンジページ」をみていたら、キャベツの入っているカレーが、二～三人前、きれいに盛りつけされてあった。「これはいいんじゃない」と思って、夕食にキャベツカレーを出した。

稲井　おしゃれな感じがしたのね。

奥田　ところが、「なんでカレーにキャベツが入っているの？」とか、「キャベツカレーという名前ではなくて、キャベツのカレースープという名前だったらわかるけど」とか、あるいは「カレーにキャベツはないだろう」「メニューはおいしそうだけど、カレーにキャベツは許せん」とか。

稲井　この名前は違うとか。

奥田　ものすごい声が寄せられた。それからはキャベツカレーは出していない。

稲井　そうだね。

奥田　何年も村にいる人が多くて、ある程度、愛和館のメニューは新しいものというより、定番というわけではないが、みんなが食べ慣れているメニューが多い。ところが、新しい料理を出したときには、みんなは新しいメニューになれていないから、その反応がクレームに近いものになるときもある。

愛和館は世界遺産?

——みんな食事を楽しみにしている。

奥田　やはり、食はヤマギシのなかでも昔から大切にしてきているし、いまみたいにお小遣いの一万円がない頃は、とくに食べることが村人にとっては大きな楽しみだった。愛和館だけが一日二回、みんなと一緒に会える場所だからね。職場の人とは職場で会えるし、研鑽会で会ったりするが、誰とでも一緒に過ごすことができるのは愛和館ぐらいしかないので、そういう意味で、みんなけっこうゆっくり食事を楽しむようにしている。

稲井　最近、参画した若い子たちも、ひとり暮らしをしていたときは、ひとりで食材を買いにいって、ひとりで調理をして食べるという、ちょっと味気ない毎日だった。しかし、ヤマギシに参画して、愛和館でみんなと一緒に食べるのが非常に家族的で、料理を存分に味わっているといっていた。村人のなかには「愛和館は世界遺産」という人もいるしね。

——夕食の時間は?

奥田　夕食は一七時一五分から二〇時ぐらい。一度、全体の食卓を閉めたあとはご自由にどうぞというようにしている。冷蔵庫にはおかずが入れてあるし、一テーブルだけ食事が

春日山実顕地の愛和館

できるようにしてある。

藤川　いろいろな時間に食べにくる人がいるからね。

――昼食時間は？

奥田　昼は一〇時三〇分から、一四時ぐらいまでは食べられる感じかな。

「夜のお母さん」は大事な時間

――ところで、愛和館も昔と比べるとずいぶん変わったと思いますが。

奥田　昔の愛和館は、食生活の人がきれいに盛りつけをしたお皿をカウンターに出すまでが愛和館の暮らしというのがあって、そのことに凄く力を入れていた時期があった。料理をきれいに盛りつけしたお皿をカウンターにだして、それを食べる人がもっていくというスタイルだった。

それは、食を極めていくという点では職場としては良かったかもしれないが、村人とはそこで線を引いていた部分はあった。そういった線をなくしたときに、お互いにどんなことがやれるのかな、という考え方がでてきて、いまはそれでやっている。

稲井　だんだんそんな気風になってきた。

——今日みていたら、プレートで何かをやっていた人がいたけど。

奥田　目玉焼きを焼いたりとか……。

稲井　一応、「夜のお母さん」といって、ちょっとカウンターにある茶碗とかお皿とかが十分かな、ご飯が足りているかなとか、気を配っているお母さん役をする人がひとりいる。

奥田　他の職場から「夜のお母さん」として、愛和館のほうに一時間程度入ってくれている。酪農部や蔬菜部など、いろいろな職場から一九時台に入ってもらっている。「夜のお母さん」で入ってくれる人は、年間でスケジュールがほぼ決まっていて、何曜日の何時頃というふうにと決めている。都合が悪くなったときには調整をするけど、食のほうではけっこうあてにしている。どうしても都合がつかなくなったら、食のほうから入るようにしている。

けっこう、愛和館と他の職場とは交流があって、愛和館が一番交流がしやすいのではないかな。行事食もあるし、毎日の接待もあるし。

稲井　私はふだん、牛の仕事をしているから、ご飯もつくってもらっているし、お風呂も沸かしてもらっている。子どもの面倒はみてもらっているし、生活感なしですが、夜の一時間でも愛和館の接待などに入ったりすると、「あっ、私もお母さんだったんだ」と思い出させてくれる。ですから「夜のお母さん」は、大事な時間だと私のなかでは位置づけています。

――ひとつのテーブルがひとつの家族？

藤川　その日の気分によって、静かに食べたい人はテーブルの端っこのほうで食べたり、人数の少ないテーブルにいって食べたり。あるいは逆に、賑やかに食べたい人はメニューの前にいったりして食べたり、人それぞれです。

――みんな凄い食欲ですね。

稲井　体力仕事が多いからね。最近はモンゴルからきた若い人なんかもよく食べるしね。

奥田　食べる量は増えている。実習生の数も増えているし、モンゴルからも若い人たちがきているし、何年か前に比べると、食べる量は一割ぐらい増えているかな。

藤川　つられてよく食べるというか。

稲井　みんな元気なんです。

（二〇一六年一月収録・春日山実顕地）

ヤマギシズム実顕地にはいろいろな人が生活をしている。「腹の立たない人になる」「われ、ひとと共に繁栄せん」というヤマギシの理念を実際に実顕地の生活のなかで実践をしようとしても、ときには腹が立ったり、落ち込んだり、いいたいことをいったりと、人間だから、そのときそのときに考えていることや、思っていることが口をついて出てしまうのは当然のことである。

しかし、ヤマギシの村人に共通している考え方で、特筆すべきは、「まずはやってみよう」「受け入れてみよう」「調正はそれから考えたらいい」というモノゴトを何でも前向きにとらえる姿勢が根底にあることである。

さらに、ヤマギシズム実顕地の暮らしを支えている重要なものに、研鑽生活がある。実顕地に研鑽生活がなかったら、ただの農業団体と何ら変わりがないといってもいい。日々、さまざまなことを研鑽しながら生活することによって、ヤマギシズム理念を自分のものとすべく、村人は生活をしている。

では次に、ヤマギシズム実顕地でもう何十年という歳月を過ごしてきている二人の女性を紹介しよう。現在、春日山実顕地で学育を担当している柳順さんと、蔬菜部に所属している福田律子さんの二人から、実顕地での暮らしぶりや、ヤマギシと出合ったきっかけなどを語ってもらった。

何の心配も不安もない実顕地の暮らし

柳順さんの場合

試行錯誤の連続

一九八六年の参画だから、今年（二〇一六年）で実顕地生活は三〇年になるという柳順さん（六〇歳）。人生の大半をヤマギシズム実顕地で過ごしてきている。

柳さんの現在の職場は学育部。学育部は、〇歳から五歳までの幼児たちの世話をする太陽の家や、六歳の子が育つ幼年部、そして、小学校二年から中学校三年生までが過ごす学育部があり、柳さんは中学三年生の世話係だ。中学三年生は現在、女子が三名、男子が一名で、柳さんが担当するのは女子中学生。

女子中学生の数はこの三年間、まったく変わらず、現在の三名だけで、中学校一年生のときから一緒に過ごしている。

柳さんは朝、中学生に朝食を食べさせたあと、学校に送り出し、その後は太陽の家の子たちといろいろなことをして過ごす。そして、中学生が学校から帰ってきたら、生活空間の美化をチェックしたり、夕食、風呂を済ませて、あとは、今日一日やってみて、どう思ったかをみんなで出し合ったり、その後、中学生は勉強したり、テレビを見たりして過ごす。いわば家族のなかのお母さん的役割といえる。

酪農部から学育部に職場を移って二年。

「それまでの学育部の担当は私よりもう少しちゃんとしていたと思う。ここまで二年間、学育部の世話係をやってきているが、まだまだよくわからないことが多い」

中学生ともなるといいたいことをいい、イライラしていると八つ当たりもしてくる。それが続くとビシッと叱る。あの子たちも言動を控えたりするが、中学生の女の子の扱いは難しい。三人とも根は素直で可愛い子たちだと思っているが、「こんなのやってられないわと思ったり、この子たちは可愛いな」と思ったりの繰り返しで、宿舎の美化でもしっかりやったらちゃんとやれる子なのだが、手抜きが続いたりするので、叱ったりするとブーたれたり、あたってきたり。

「学育にきて最初の頃によく思っていたのは、みんな可愛い子たちだから、こんな世話係ではなく、その辺のおばさんとして可愛い、可愛いで接触することができたら、どれほど楽だろうなということでした。ずっと長くやっている人たちは、学育のコツとかわかっているかもしれないが、私は自分の子どもしか育てたことがないから」

これまでは「試行錯誤の連続」だったと口にする。

大勢の子どもたちが一緒に暮らす意義

昔は、村の子どもたちはヤマギシズム学園で育ったが、その頃は家庭研鑽もいまのように頻繁にはなくて、よくいえば、すべてを世話係に任せていた。いま思うと、ヤマギシズム学園でやっていることに、親は余計な口出しをしないほうがいいという風潮が強かった。

しかし、いまは、お母さんたちと頻繁に連絡を取り合い、一緒になって子どもを育てていく方針だ。

「子どもたちも家に帰ったり、学育にきたりと、昔に比べるといろんな面でゆるい感じになってきた」

たとえば、いまの子どもたちにとって、ｉＰａｄをもっているのは当たり前で、それに子どもたちがはまり込んだら、いろいろあるので、夜は何時になったら使うとかを親子で決めてもらって、その時間帯になるまでは世話係がｉＰａｄを預かっておいて、その時間帯になったら渡すようにするとか。それで一般の家庭とどこが違うのかと聞かれるが、大勢の子どもたちが朝、昼、晩と一緒に過ごすのは大いに意義のあることだという。それは、ご飯を食べて、学校へいって、勉強をして、という暮らしからみたら、ふつうの家庭のなかで暮らしているのと変わらないと思ったりするが、そのなかではいろいろなことがある。

たとえば、小学生はとくに、お互いがぶつかったり、けんかをしたり、仲直りしたり、それが一般の社会では学校にいるときだけかもしれないが、そんなことが家に帰ってからもある。

いまいる三人の女子中学生にしても、埼玉県の岡部実顕地の幼年部からずっと一緒に育ち、生活をしてきた。そのなかの二人は生まれた実顕地も同じという関係。従って、三人ともお互いのことをよく知っていて、生まれた実顕地が同じという二人は部活も同じ吹奏楽部。

そして、柳さんのほうでみていて、もうひとりの女子中学生がその二人と微妙に違うと感じるときがあったりすると、自然と、二人の中学生がその子をフォローしていたりする。このことは、大人がいってどうこうなるものではない。

そこには微妙な感情めいたものがあって、それも一緒に暮らしていくなかで培われてきたのかなと。だから、一緒に暮らすなかで、いろいろなことを学んでいくのだと思うので、大勢のなかで一緒に暮らすのは大変意義があり、大きな意味があるのではないかと、柳さんは強調する。

「子どもから教わることも多い。みんな根っこのところでは共にやっていくというのがはっきりしている。よく私たちは『ひとりも漏らさず』『ひとりも落とさず』と、言葉や頭でいったりするが、そんなことは子どもたちのなかにしっかり根づいている。すごいなと思う。ふだんは、ふつうの子どもたちと何ら変わらない。けんかをしたり、なんだかんだいったり、小学生などは強い子が強い言葉で凄いことをいったり、いわれっぱなしの子がいたりといろいろだけど、そういうなかで、どの子も根っこの部分では優しさがあって、それが育まれていると感じる」

変わりつつあるヤマギシ

学育のあり方も以前と比べるとずいぶん変わってきている。いま学育にきている子どもたちは、親と子どもの間で学育にいくかどうかを話し合い、学育を希望する子どもたちだけが学育にきている。学育でやりたくないと思う子は親と一緒に暮らしている。

以前は、学育にいくことがその子にとって絶対にいいことだという気持ちが親たちのなかにはっきりあって、そちらの方向に子どもたちをもっていこう、もっていこうとしていた。

いまは、親がそう願っていても、子どもと話をして、子どもたちが学育にいきたくないのなら、その意思を尊重するようにしている。「以前は、学育にいく子どもがほとんどで、そうでない子はどうしてだろうという感じでみていたけど……いろいろな形態が、みんなのなかで自然なこととして、受け入れられてきている」という。

親の考え方も変わってきた。研鑽の結果というか、村の空気がいろいろなことを経て、さまざまな研鑽をしていくなかで、だいぶ変わってきているのかなと感じるという。

「学育にいくのだけがいいというのではなく、人間って、いろいろな思いや考えがあって、そのなかでどんなことがいいのかなとやっていくのだけど、子ども時代は、どうしても学育に馴染めない子どもがいる。しかし、その子の意思を尊重して、親も一緒にその子のことをみていこう、周囲もそんな感じでみている。その子、その子でみんな親に任されているけど、自分たちの考えだけでやるわけではなく、けっこうみんなで話をして、親子でどうするかを決めている。

自分の子どものときは、学育で育つのがその子にとって一番いいとはっきり自分では思っていて、学育で育って欲しいという思いが強かった。それ以外のことは考えられなかった。いまも、学育や大勢のなかで育つのが幸せだとか、そういうのがいいなと思ってはいるけど、それだけがすべてではなく、また、その考えを押しつけようとは思わない。そういう意味では、自分自身も変わってきていると思う」

職場は育ちの場

柳さんは一年間ほど、研鑽部の窓口をしていたことがある。そのときはやたらと研鑽会が多く、昼も夜も研鑽会という、研鑽会中心の生活だった。しかしいまは、研鑽会は数えるほどになった。

職場といえば、二年ほど前までは酪農部にいた。酪農の仕事自体は面白く、職場の人数が多いからいろいろなことがあったが、育ててもらったなとか、お互い育ちあってきたという実感がある。言葉を換えれば、仕事を通して自分が育っていく育ちの場だったともいえる。

「以前は、自分の基準から外れている人は自分では受け入れにくかったり、話をしてみてもやはりおかしいのではないかと思うのが強かったりしたが、いろいろな人と一緒にやっていくうちに、そんな自分の基準が外れていったように思う」

たとえば、一見、よく参画してきたなと思う人でも、話をしてみると、しっかりヤマギシズム理念やヤマギシの考え方が根づいていて、自分のほうがいい加減だなと思うことがよくあるという。とくに、一般社会で働き、生活をしていて、四〇歳ぐらいで参画してきた人は、それだけ腹をくくってヤマギシにやってきているので、こちらが「えっー、こんな人が参画したの？」と思っても、話をしてみたらしっかりヤマギシの考え方をもっている人が多い。

私はわがまま？

「私はわりといい加減というか、わがままというか、周囲からわがままとよくいわれている」と柳さんは苦笑いする。

「六〇歳になってやっと少し大人になったかな。私は嫌なものは嫌、できないものはできないとはっきりいってきた。他の人はちょっと我慢してやってみたりするようなことでも、私はまず無理、できないといってきたかなという、そんな気がしている。実顕地はわりと真面目な人が多い。思うのは、最近はけっこう周囲の人たちから、これが正しいとか、これがいいとか、それでやることが正しいと思ってやってきたけど、それだけではなく、自分をさらけ出して生きるという声をちらほら聞くようになった。この一〇年ぐらいだが。私はたぶん最初から自分をさらけ出さないと生きていけないタイプで、いいたいことや思っていることを心のなかに溜めておけない。私の周囲には心のなかに溜めておけるタイプの人がいるが、そういう人は凄いと思う。私はそうじゃないから、みんなからわがままといわれているのかな」

たとえばどんなことかを例にあげてもらった。

ここに二つの部屋がある。ひとつは広い部屋で、もうひとつはそれより少し狭い部屋。柳さんはどちらに住みたいかといわれれば、躊躇なく広い部屋を選ぶ。しかし、全体からみてちょっと狭いほうに住んでもらいたいといわれても、絶対に広い部屋に住みたいと主張する。それでもどうしても狭い部屋のほうに住んでもらいたいといわれれば、そうできないこともない。しかし、まずは自分がこうしたいと思うことを主張してきた。

「それはみんなと歩調を合わせないということではない。だが、私のそういうやり方をよくみんなはやらせてくれたなと思う」と、柳さんはいう。

また、こんなこともあった。いまから二年前、六川実顕地で交流会があるので「いってみないか」と声をかけられたとき、即座に「嫌だ」といったら、声をかけてくれた人は「そういうだろうと思った」と。

ふつうは「はい」とか、「ちょっと考えさせて」とかいうのだろうが、柳さんは直感的に「嫌だと思ったら嫌だといってしまう」ので、いろいろなところで、みんながわがままと感じるのではないかと思うと分析する。

春日山実顕地と豊里実顕地

春日山実顕地は以前、動物園みたいだ、といわれていた。確かに春日山実顕地にはいろいろな人がいる。だから柳さんものびのびとやってこれたかなと笑う。

実顕地によっていろいろ雰囲気は違う。豊里実顕地には一年ほどしかいなかったため、豊里実顕地のことはあまりよくはわからないが、それでも柳さんからみたら、豊里実顕地は人材が豊富で、その豊富な人材の力が以前はあまり発揮されていなかったように思えたが、最近ではそれぞれが力を発揮するようになり、豊里実顕地も変わりつつあるという。

「私が豊里にいたときは、いまの春日山実顕地ぐらいの人数で、知らない人はいないというほどだった」

豊里実顕地では月二回、三重県の実顕地から村人が集まって研鑽会が開かれる。その研鑽会に出席してみても、豊里実顕地は変わってきたなと感じる。なかでも豊里ファームの存在は大きく、豊里ファームでやりたいとか、そこに思いを寄せているとか、そんなのをみていると豊里も変わったなと感じる。

しかし、春日山実顕地は家族的で、人数にしてもちょうどいいのではないかという。

二〇〇〇年の村人たちの離脱

二〇〇〇年五月、ヤマギシズム実顕地に激震が起こった。それは多くの参画者が村を出ていったからだ。筆者の知り合いも何人かは村を去った。それを伝え聞いたときは、部外者であっても多少なりともショックを覚えた。村人はどうだったのだろうか。

そのときのことを振り返って、柳さんはこう話す。

「私は一時期、ヤマギシ会本部の窓口をやっていたことがある。電話受けをしたり、子育て講座の段取りを組んだりしていた。そのとき、ヤマギシ会本部で一緒にやっていた同じ職場の人たちのほとんどが村を出てしまった。同じ職場でやっているときは、私からしたらみんないい人たちで、いまでもいい人たちだと思っているが、信頼していた人たちがみんな出ていってしまった。

その人たちが出ていく前に、何人かにどうして出ていくのかその理由を聞いたことがあった。しかし、みんな口を揃えて『自分のやりたいことは実顕地ではできない』というばかりだった。みんな理想をいうが、それをこれから一緒に実顕地でやっていこうよといっても、実顕地ではできない、の一点張りだった。私はそういう彼らの気持ちがどうしても理解できなかった。私はそのとき、その人たちが掲げている理想は、実顕地でなければできないんじゃないか、と思ったのだけど……。

いまだに出ていった人たちはいい人たちだし、私の心のなかには信頼できる人たちとして残っている。だから、その人たちが村を出ていった理由は、その人たちの描いていることが実顕地ではできないから出ていったんだな、と思うしかない」

そして、あるとき、柳さんは出ていった人たちが暮らす鈴鹿を訪ねたことがあった。そこで学生時代から参画して、村を出た人がいった言葉に、「えっ」という驚きを隠せなかった。

「その人は、ヤマギシの宿舎は廊下を人が歩くと音がするので、それが嫌でたまらなかった。ここはそんな音がしないので幸せだ」と。

それがすべてでないだろうが、「こういう暮らしがしたかったのか」とちょっと唖然となった。柳さんは一般社会からヤマギシに参画したので、学生時代から参画したその人とは感覚が違うのかもしれないと疑いながら、それでもその言葉に「そんなことで安らぎを得るの、私からしたら考えられない」という感じがいまでも心に残っている。

革命大好き少女

ところで、柳さんがヤマギシと出合ったのは、友人に誘われて、農業体験だと思って、農業ができる服装をして、栃木県の南那須実顕地に赴いたことがきっかけ。それが特講だった。

柳さんの父親は特攻隊の生き残りで、軍国少年だったが、戦後、世相ががらりと変わり、父親は左翼っぽくなった。そして、柳さんは父親から「戦争は絶対にしてはならない」ということをたたき込まれて育った。

父親が食道癌で五六歳のときに亡くなったが、最後に「平和を頼む」とか、「お墓に○○家とは入れず、お墓には誰でも入れるようにしてほしい」とか、父親は最後の願いを残して逝った。

そういう父親に育てられたため、柳さんは「革命」という言葉が大好きだった。しかし、女性では革命は無理と思っていたら、特講を受けたときに、「私でも革命ができる」と嬉しくなった。

『世界革命実践の書』の革命という文字をみて、なかには「えっ」と驚く人はいると思うが、柳さんは革命という文字をみて、「こんな本があるなんて、やった！」と思うほど、革命に憧れていた女性だった。

柳さんは父親に強く影響を受け、父親っ子みたいなところがあり、父親を思い出しては泣いてばかりいた。しかし、特講を受けてからは、父親がストンと自分のなかに入ってきた。それからはまったく父親を思って泣くことはなかった。

「いま、ヤマギシズム学園出身の子や村で育った人たちにとっては、特講はたいしたことではないかもしれないが、私にしたら、特講には大きな影響を受けた。何がどうわかったということではないが、戦争のない世の中をつくるにはヤマギシしかないと思った」

そして、研鑽学校にいき、特講に出合ってから約一年後に参画した。

何も心配のない顔をしているね！

柳さんが高校のときの同窓会に出席したときのことである。出席者から「ひとり、何の心配もない、不安もない、のほほんとした顔をしているね」といわれた。

一般の社会では老後の生き方が大きな社会問題になっているが、ヤマギシではそういう心配がない。若い人が減っていき、介護を若い人に頼り切っていたら大変だから、足腰を鍛えておこうとか、老々介護をしようねと、同じ年代の人たちで話をしているが、現実的には、何も心配するものはない。

お金の心配がいらない暮らしをずっとしてきて、そういう切実感がないのかもしれないが、実際は、若い人が少ないのでお金が大変なことになるかもしれないし、それはどうなるかわからないが、何とかなるのではないかと思っている。

大昔、村にお金があまりなかった頃、村の女性たちが外に仲居さんとして働きにいったり、男たちは炭鉱に働きにいったことがあると聞いたことがある。そうなったらたぶん、そんなこともできるという感じはある。自分ひとりだとか、自分の家族だけでそんなことをするのは大変かもしれないが、村人が一緒だったら、苦労を乗り越えられると思っている。だから、あまりお金の心配はしていない、という。

オシャレなカフェをつくりたい

いま村では、若い人たちが育ってきて、職場でも村でも、メインとなって動いているのは若い人である。それはそれとして柳さんたちにとっては願ってもないことだし、望んできたことである。

職場を運営したり、村を動かすのは面白い。そんな面白さが、六〇歳の自分たちには減ってきている。しかし、何かをやりたい気持ちは大いにある。

そこでいま、柳さんたちが研鑽会などでいうのは、バイオガス発電プラントと道路を挟んで向かいにある、元野菜の出荷場を改装して、おしゃれなカフェをつくりたいということ。野菜の元出荷場からの眺めは素晴らしく、バイオガス発電プラントができたときに、そこに温泉をつくろうという話もあった。

しかも、美里実顕地では古い建物を改装して、手づくりでどんどんおしゃれなカフェをつくり、月二回の営業だが、お客さんがけっこうきて賑わっているという。若い女性の間ではおしゃれなカフェを好む傾向にあり、春日山実顕地でも、バイオガス発電プラントや新牛舎、イチゴハウスなどもできる予定で、おしゃれなカフェができれば、いろいろやれて、新しい観光スポットになるのではないかと思っている。

しかも、新しく建物を建設するとしたら、「無理だ」とか、「一〇年ぐらいはかかる」といわれそうだが、いまある建物を改装するだけなら、実現は近いと思い、研鑽会などでそのことを話している。周囲から「こういう使い方もあるのでは?」といわれると、やはり駄目かとなりがちだが、それは意見として聞いておいて、カフェをやれるようにしていきたいという。

羊の会

「いま、六〇歳になった女の人たちで、これからは、私たちのまわりの人たちからなんといわれようとも、めげない強さが必要だといっている」

いま春日山実顕地では、六〇歳の女性がもっとも多く、村では世代交代が進んで、それは彼女たちにとって望んではいたことだが、一抹の寂しさは否定できない。

だからこそ、まだまだやれるエネルギーが残っているいま、自分たちで何かを実現していきたい。そういうことは同じ世代だといいやすいし、出しやすい。

「同級生は気が強い女性たちが多く、うまくいかないというときもあるが、まだまだやる気はいっぱいある」

団塊の世代よりも多い、未年生まれの女性たち、新しい夢に向かって邁進中である。

「ヤマギシに出合っていなかったらどうなっていただろうか」

福田律子さんの場合

一週間で子どもが変わる?

「ヤマギシに出合えてなかったら、幸せではないとはいわないが、いつ、冷たい水のなかに落ちてしまうのではないかという不安をもって生きていたのだろうと思う。ヤマギシでは、楽天的に考えているというよりは、仕組み的にも、人的にも、安心できるというのが大きい。安定した人たちがいると、自分が不安になったときも落ち着けるという感じがしている」

と話すのは、三八歳のときにヤマギシに参画した、京都市出身の福田律子さん（六〇歳）。実顕地生活も二〇年を超す。

元々は小学校の教員。同じ学校の同僚の先生が自分の子どもをヤマギシズム学園に送り出していることを知ったことで、ヤマギシを知る。そして、「一週間で子どもが変わる」という楽園村に関する本のタイトルをみて、「ええ加減にせえよ、一週間で子どもが変わるんなら、こんな楽な商売はない」と思って、その本を読み始めた。ところが、そこに書いてあることはまともなことばかりで、興味を引かれ、楽園村交流会に参加。「これは何かあるな」と感じて、その夏の特講にいった。その翌年に子どもをヤマギシズム学園にいれて、ご主人も特講や研鑽学校を受けて、二年ぐらいの時間を経て参画。その二年間は、実顕地と京都を往復する生活をおくり、ヤマギシの生産物の普及や特講参加への呼びかけを行ったりしていた。

自分の価値観がまったく通用しない

参画して福田さんが配属されたのは九州は長崎県にある西海実顕地。そこで学育を担当した。しかし、ご主人が病気になり、その後は、豊里実顕地、内部川実顕地を経て、春日山実顕地に移転した。春日山実顕地での生活も、もう二〇年になる。

春日山実顕地にきた当初は、太陽の家や初等部の世話係に。もともと教師だから子どもを相手にすることにはなれていた。しかし、教師時代に身につけていた考え方や、教師的な技術については、ある程度は自信があったが、まったくそれが通用しなくて、もっている自信がことごとく打ち砕かれてしまった。子どもたちが福田さんのいうことを聞かなかったのだ。

子どもたちは、やりたいことはやる、やりたくないことはやらない、この人のいうことは聞く、あの人のいうことは聞かない、という調子で、子どもたちがまったく自分のいうことを聞かないから、泣いたという。

教えることと、自ら気づいていく世界というのはまったく真逆で、正反対といえば、正反対だが、まがいもので子どもたちをわからせようとすることが染みついていた。あとからいろいろなことを注入されても、やっていることは偽物、ということに自分が気がついて、自分は偽物なんだというところからやっていくしかないと思えたら、腹が据わってきた。

「子どもたちひとり、ひとりの世話係に対する態度が違っていた。若い頃から養鶏をやったりして、たたき上げの人が、教師経験もないのに、世話係でいた。子どもたちはその人のいうことは聞いていた。それを私が真似をしようと思っても、駄目だった。当時は学育に何百人という子どもがいて、そのなかには、自分から進んで学育にきた子もいたが、無理やり親から送り込まれたとか、親に捨てられたと思っている子どもたちもいたから、よけいに世話係に反抗的な態度を取っていたのかもしれない。私としては、本来の人の生き方とか、本来の人間がもっているものを、まだ全然わかっていなかった」

二四時間、子どもたちとの生活は、いうことを聞いてくれるときはいいが、いうことを聞いてくれないと疲れた。お風呂といってもお風呂に入らないし、食事といっても食事の時間にこないとか、また、学校にいくのも、子ども同士で「この日はエスケープしよう」と決めたり、子どもたちを送り出したはいいが、どこかに雲隠れをしたり、学校にきていないとかいろいろあった。

「自分の子どももここでいろいろやらかしていたみたい。あとから娘に聞いたことだが、娘は苛めに荷担していたようで、よく叱られて一人部屋に入れられて反省をさせられたといっていた」

いまから四年まえに学育から蔬菜部へ異動になったときは、ホッとしたという。

誰でも受け入れる職場に

教師をずっとやってきて、畑仕事や、まして牛や豚の世話などまったくやったことがない自分に、「蔬菜部はどうかと声をかけられたのは非常にラッキーだった」という福田さん。正直にいえば、野菜は人間と違ってややこしくはない。最初の頃は陽が昇ると畑にいき、陽が沈むと仕事を終えるという、季節感を感じる毎日だった。

「人間と同じといえば同じなのだが、手をかけなければいけないときに、しっかり手をかけてやれば、いい野菜ができる。そこを外してしまうととんでもないことになる。そういうところは人間も一緒かなと思った」

どこの職場でもそうだが、その仕事をわかっている人が自分のような素人を受け入れてくれるという職場ばかりなので、安心して何でもやらせてもらっている。

いま、職場全体に世代交代が起きている。蔬菜部も例外ではない。蔬菜部では何十年も野菜づくりをしていたベテランの村人がタイ実顕地に移り、そのあとに二〇代前半の若い人がやってきた。そのときはいろいろ大変だった。自分は何もわからないのでついていくしかない。蔬菜部では、完成されたいい野菜をつくっているだけなら楽なのだが、店をつくったり、もろもろのことを蔬菜部でやってほしいと、いろいろやることが増えてきた。

たとえば、ちょっと精神的に疲れている人でも、三〇分ぐらいなら畑仕事をやってもらってもいいので受け入れてくれないかとか、いろいろな人の受け入れ先となっている。

そうすると、お世話が増えるわけだが、いまの蔬菜部は、実顕地の人たちひとり、ひとりが安定して幸せに暮らしていくために、どんな人でも受け入れやすい職場にしようというのが、みんなの共通認識だ。

だから、モンゴルや台湾、中国から実習生がきて、言葉がわからなくても、受け入れて、一緒に畑にでて働いている。そういう意味では良い職場である。

愛和館で酒が飲めた

いま、福田さんは、実顕地が変わりつつあることを実感している。

「たぶん、元は変わっていないと思うが、いろいろな外部の声に柔軟に対応しているような気がしている。以前だと、自分が参画したときは、外から批判されても、それに対して反論もしないし、内部で変わるという感触もなかった。いまはどう変わっていくのか、どうにでも変えられるというのか、そんな柔らかさを感じる。いまは、職場を推進しているのも若いメンバーだし、これまで当たり前にやってきたことでも、もう一度、考え直して、やってみようというあたりがあるのでないかと思う」

もうひとつ変わったのは、愛和館でお酒が飲めるようになったことである。それは二〇一六年の正月のこと。ヤマギシ会創設者である山岸巳代蔵さんの墓がある公人の丘に村人が集まり、鏡割りをして、初日の出を拝み、そこでちょっとお酒を飲んで、樽酒が残っていたのでそれを愛和館にもち込み、「飲みたい人はどうぞ」となった。

福田さんが参画したときは、「酒、たばこのない世界でやれますか」といわれたが、現在は、村のなかでは酒もたばこも禁止していない。ただ、これまで愛和館では酒を飲むことがなくて、酒を飲みたい人は個々の部屋でどうぞ、という感じだった。それがヤマギシのあり方のひとつだったが、いま、それもどうなんだろうという声も出ている。

ヤマギシズム学園出身の若い子たちが里帰りで春日山実顕地に帰ってきたとき、愛和館に酒があるのをみて、「ヒー、ヤマギシも変わったね」と驚いていた。

さすがに、へべれけになって酔いつぶれた村人はいなかった。考えてみれば、酒が悪かったわけではなく、自分がどういう飲み方をするのかという、そのあたりが問われていたのであって、だんだんそのあたりに焦点をあててきているのかなと、思っているという。

研鑽のもつ意味・意義

福田さんは教員時代、共産党の活動をしていた。それは、共産党の活動を通して幸せな社会がつくれるのではないか、と思っていたからだ。食べたり、着飾ったりという生活面はどうでも良かった。

ヤマギシに参画してからは、そういう面ではあまり変わってはいないが、自分自身は瞬間湯沸かし器といわれるくらい、すぐにカーッとなって、腹が立つ人間だった。教師時代にも、なにかちょっとでも不正があると、すぐに教育委員会や校長を相手に、机をバーンと叩いて、どなっていた。

そういう自分がいま、穏やかに暮らすことができているのが一番不思議だという。

特講に参加して、腹が立つのは自分に原因があるのだということがわかったが、だからといって、参画したからすぐに腹の立たない人になるかといえばそうではなく、福田さんは参画してからも腹の立つことがしょっちゅうあり、そのたびにカーッとなった。そこで、いいたいことがいえるときはバーッといって、それでもしこりが残っているようであれば、「もうこれは駄目だ」と思って、長期の研鑽学校へいかせてもらったりした。周囲もそんな福田さんをみていて、研鑽学校へいったほうがいいと勧めてくれたこともある。

「ヤマギシでは、腹にいちもつもったままでは、どうにもこうにも暮らせない」

研鑽学校では、客観的に自分を検べる回路に入り込むことができる。冷静に自分自身を検べて、本当はどうなんだという考え方や見方が身についてくる。それは、どんな人でも身につけることができる。

「本当に私は、周囲の人にいいたいことをいって迷惑をかけてきた。でも、まわりの人たちには『あっ、そう』といわれて、ほとんど相手にはされなかった。ときには、お互いやりあうこともあったが、だいたいは相手にされなかった。また、自分の頭のなかではこうなったら絶対にいいのに、なぜこうならないのだろうかとか、自分の常識でこれは正しいと思っていたのになぜ受け入れられないのかと、ずいぶん苦しんだ。お金とかものには無頓着だったが、自分のもっている、これは絶対に正しいんだというモノサシにこだわっていたことで、ずいぶん苦しい思いをした」

姿勢がぶれない老蘇さんの姿

いま福田さんの脳裏にときどき去来するのは、人生の最期をどう迎えるかということ。死ぬときは病院ではなく、日常暮らしている場所で最期を迎えるのがいいと思っているが、そういうふうにしようと思うと、人的な面とか施設、医療の面、周囲の人々などのサポートが必要だ。でも、そこを目指していきたいという思いはある。

ヤマギシズム実顕地は、老蘇さんが暮らす場所でもあり、入退院を繰り返しながら、ここで最期を迎えられた方もいる。

実は、福田さんのご主人はひとりっ子で、九〇歳になる両親を京都においたままだ。この春には春日山実顕地に連れてくることができたが、いろんな面で介護が必要だ。

介護も近親者がやってしまうとどうしても甘えが出たりするので、子どもたちにやってもらいたいと思うところはやってもらってもいいが、周囲からそれだけではなく、いろいろな人との関わりがいいと思うといってくれているので、そういう人たちと一緒に考えながら、親の介護もやっていきたいという。

福田さんはいう。

「ヤマギシでもちょっと前までは、年老いた親を実顕地に連れてくるのは難しかったと思う。いまは宿舎も用意してもらい、介護のことを勉強して資格を取る人も出てきたり、そういう意味ではタイミングがよかったのかなと。外部の施設に預けることも考えたが、それもどうかなと思って。だから、実顕地に連れてきたらいいじゃないかといわれたときは、嬉しかった」

実顕地の老蘇さんは、癌になったり、いろいろな病気に嘖《さいな》まれていても、うろたえたり、愚痴をいったり、沈み込んだりということが少ない。淡々としたその姿勢はまったくぶれない。逝くときは本当に静かに逝く。自分ではそういう最期を目指したいと思う。きっと、若い頃から安定、安心が大事だというのがその人のなかにあるのではないかと思っている。

そういいながら、福田さんは自分の老後のことやお金のことはまったく考えていないとはにかんだ。

仲良し班の存在が大きい

ヤマギシズム実顕地に暮らす村人も、一般社会で暮らす人たちも、人である点においては何ら変わるものではない。ただ、村人たちは、ヤマギシズムという「われ、人と共に繁栄せん」という基本理念を通して、「金の要らない仲良い楽しい村づくり」を目指して日々研鑽し、実践していることが、一般社会の人たちとは異なっている。

実際に、ヤマギシズム実顕地では、金の心配はまったくなく、村人たちは安心、安定し、何の不安も、不満もなく過ごしているというのが、これまでヤマギシを取材して得た結論である。

人間だから、人間関係においてはいろいろな感情がぶつかり合うのは否めない。ヤマギシの村のなかでも、村人たちの間で、一時的な対立もときとしてあることだろう。

しかし、その対立はさまざまな研鑽を進めていくなかで、自然と解消しているのが実情だ。

そしてもうひとつ、ヤマギシズム実顕地で見逃せないのは、「仲良し班」の存在である。

「仲良し班」とは？

春日山実顕地には、仲良し班が六つある。

村人全員はいずれかの仲良し班に所属している。仲良し班では、ありとあらゆることを研鑽のテーマにしている。

たとえば、個人が実顕地で暮らしていて思うことをはじめ、こうしたら良いと思うこと、引っかかったこと、健康のことや、結婚のこと、時事問題、村ネットを見て思ったこと、など研鑽テーマはさまざまで、これを出したらダメということがないので、研鑽会にいって今日の話が何のテーマだったか、初めてわかることもある。

仲良し班には六カ月に一度、自動解任の制度があり、仲良し班世話係が選ばれる。その人たちが集まって研鑽したいテーマを出し合うことで、どの班もそのテーマで話し合うこともある。

また、各班で会食をしたり、ピクニックにいったり、屋外食のメニューを描いて、班で運営することもある。

仲良し班での研鑽や行事を通して、村人同士の心が寄り合い、人間関係もスムーズになり、お互いに仲良くなる。これが、仲良し班の狙いであり、目指すところである。

情報の共有は欠かせない

春日山実顕地には、酪農部をはじめ、養豚部、養鶏部、食生活部、衣生活部、蔬菜部など、さまざまな職場があるが、その職場にとって欠かせないのが各職場同士の、あるいは実顕地全体で何が行われているかの情報の共有である。

そのため、各職場では毎朝、出発研が行われている。この出発研はその日、一日の仕事の手順や仕事内容の確認をはじめ、いま職場にとって何が急務なのか、あるいは求められているのか、などが話し合われ、部員同士の意思の疎通を図ることが目的とされている。もちろん、その日の仕事が順調に推進されることも大きな目的のひとつである。

さらに、実顕地全体の情報の共有の場としては、毎日午前一一時から、「連絡研」が開かれている。この連絡研においては、各職場で何が行われているのか、あるいはこれから何を企画してやろうとしているのか、または、実顕地全体ではいまどんな取組みがなされているか、今日はどんな研鑽会や行事が開かれるのかといった内容について、情報の共有が行われている。

これによって、実顕地全体で何が行われているかを村人全員が共有できる。したがって、誰それはこの内容を知っているけど、誰それはまったく知らないということがないようにしている。

情報の共有は、村人全員の心がひとつに寄り添うための不可欠な条件である。それがなしえない限り、仲良い楽しい村の持続は困難だろう。

知らない他人と財布をひとつにして暮らすためには

春日山実顕地では、約二五〇人が財布をひとつにして、一緒に暮らしている。ヤマギシズム理念に共鳴し、その理念が目指す社会を建設するという共通の目標を掲げて、もとは知らない他人同士が共同生活を営んでいる。

大多数が暮らす共同生活のなかでは、ときとして、あの人が好き、あの人が嫌い、この仕事はやりたくない、あの仕事ならやりたい、この味つけは嫌いだが、こっちの味つけは好き、というふうに、人間特有のわがままや欲求、欲望が顔をのぞかせることが少なくない。

共同体生活のなかでは、個人個人がバラバラな方向を向いていては、まとまりもつかないし、第一、ヤマギシズムが目指す社会をつくり上げるためには、個々人の浅はかな考えから生まれてくる欲望や感情はむしろ邪魔になることが多い。

だからこそ、その個々人の感情を腹の底の底からすべて出し切り、お互いが納得したうえでモノゴトを進めるために、不可欠なのが日々の「研鑽」であるのだろう。

どんなことでもためらわずに研鑽するという研鑽態度があれば、たとえ、知らない者同士でもあっても、それぞれが思っていることをすべて出し合うことで、お互いの心の距離は近づけることはできる。

そして、そうした研鑽態度で重要なことは、「まずはその人のすべてを受け入れてみる」ことだろう。人と人との関係の出発点をそこにおくことで、お互いがより深い関係を築き上げる端緒となるはずだ。

ヤマギシズム実顕地で行われていることは、パッと見た限りでは、農畜産業を営む共同体にしか見えない。しかし、そこに集う村人たちがこれまで営々と築いてきたヤマギシズム実顕地での暮らしの軌跡には、人の心を動かす何かが潜んでいる。

その何かを求めて、筆者のヤマギシ探求の旅は、まだまだ終着点が見えてこない。

第五章

ヤマギシズム六川実顕地

小さな村のなかにできた小さな実顕地

みかんの里として知られる和歌山県有田郡有田川町。この有田川町の下六川地区にヤマギシズム六川実顕地はある。

六川実顕地は他のヤマギシズム実顕地とは、その成り立ちが異なっている。他の実顕地はその地域に広大な土地を購入し、そこに村人の宿舎や愛和館、風呂や洗濯場などの生活環境を整え、さらに、その地に適した産業のための施設（たとえば、牛舎や鶏舎、豚舎など）を建設して、肉牛や乳牛、豚、鶏を飼いいれ、あるいは農場などを設けて、ヤマギシズム実顕地として成り立たせている。

しかし、この六川実顕地は、この下六川地区に先祖代々から暮らしてきている人たちのなかで、六つの世帯が財布をひとつにし、自ら進んでヤマギシズム生活を実践しようと立ち上がったため、当初は、地元の人たちだけで構成する実顕地だったのである。実顕地といっても、最初はまとまった施設があるわけではなく、各自の家が実顕地だった。

いまでこそ春日山実顕地や豊里実顕地では、周囲の地域の人たちとの交流を深めてきているが、この六川実顕地は誕生当初から、地区のなかでは「一体さん」と呼ばれ、地域の人たちとヤマギシの村人の間にはなんらハードルや垣根はなく、お互いに信頼し合って暮らしてきている。

とりわけ、この有田川町下六川地区は住民同士の仲が良く、いまでも名字ではなく、下の名前で呼び合う間柄だ。

上中勲さん

地域の人と一体の暮らしぶり

お父さんが創設メンバーだった、上中勲さん（六七歳）は、実顕地では住居環境部に所属しているが、老朽化した実顕地の建物のメンテナンスを受けもつと同時に、地域のヤマギシ以外の人たちから、住居などの修理を頼まれることが多く、無償で引き受けている。

「ヤマギシの住居の修理より、地域の人の住居などの修理が多いくらい。頼まれても断ることはしない。いったん受けてから、あとで調整をする」

それが勲流スタイルだと笑う。

さらに、山の上からパイプで水を引き、それをヤマギシ以外の地域の人たちにも使えるようにしている。野菜の栽培にはこの水が欠かせないそうだ。

このほか、老蘇さんの病院への送迎や、買いものなどの送り迎えなど、やることは多岐に及んでいる。

「勲さんがいなかったら、地域の人たちの生活は成り立たない」といわれるような存在になっているという。

「一体さん」と呼ばれて

このように、六川実顕地は地域のなかにヤマギシズム実顕地だからと孤立するのではなく、地域と一体となって暮らしを育んできている。

ヤマギシの村人は、下六川地域の区の役員や消防団の団員などの役割は嫌な顔をせずに引き受けている。まさに、「一体さん」の面目躍如である。

佐藤晴子さん

六川実顕地には現在、老若男女三三名が暮らしている。だが、この六川実顕地には、四年前に佐藤甫さん、晴子さん夫妻が移ってきてからは、新しい家族や村人たちが入ってきていない。

四三歳のときにヤマギシズム実顕地に参画したという佐藤晴子さん（六七歳）は、「私たちが津木実顕地から六川

佐藤甫さん

実顕地に移ってきたときは、六〇代の同世代の夫婦が二組いたのですが、私たちが移ってきたと同時に他の実顕地に移動してしまいました。残ってくれたら良かったと思ったのですが……」
しかし、この地区では、ヤマギシは「一体さん」と呼ばれて、みんなからよくしてもらっていると話す。

座談会　六川実顕地を大いに語る

では、そんな六川実顕地に暮らす村人はどんな考えや思いを胸に秘め、実顕地生活をおくっているのか。いまや、六川実顕地を引っ張る存在となっている三組の夫婦に集まっていただき、実顕地で暮らす思いの丈をぶちまけてもらった。

集まってもらったのは、上門孝年さん（四七歳）・美智子さん（三七歳）夫婦、青木雄一朗さん（四三歳）・聡子さん（四一歳）夫婦、篠畑裕一さん（四九歳）・奈緒さん（四六歳）夫婦の三組である。場所は実顕地の愛和館、話の内容は多岐にわたり、座談会は三時間に及んだ。

男たちの仕事

――みなさん、仕事は何をやっておられるのですか。

上門　果樹です。

青木　同じく、果樹です。

篠畑　果樹の営業です。みかんをヤマギシのなかだけではなく、一般のスーパーや市場へも納入してもらうための営業ですね。昔は、ヤマギシの移動販売だけで産出したみかんはさばけていたけど、最近はそうもいかなくなりました。

ヤマギシへの参画

――皆さん参画されて長いですよね。

美智子　私たちはヤマギシズム学園にいっていたので、子どものときから実顕地で育って、奈緒さんところは結婚して、子どもが生まれてから参画したのね。

聡子　私は小学校一年のときに、親が参画してから、ずっと実顕地暮らし。

――村から出たいとは思わなかったですか？

聡子　出たいと思ったときもあったけど、出なかった。もうちょっとやってみようかなと思って、いまに至っている。

美智子　私たちが参画するときは、本当に参画するのか、しないのか、という感じだったけど。自分たちの子どもが大きくなってきて、この六川実顕地をどういうかたちでわが家にしていくのかなと思ったりする。

――子どもは自然に自動的に参画するんじゃないですか？

美智子　私たちのときは違った。

聡子　特講にいって、研鑽学校へいって、「参画しますか」といわれて、自分で決める。

奈緒　うちの子は幼年部から六川で暮らしていて、専門学校で大阪にいって、そのまま大阪で仕事をしているが、まだ特講へはいっていなくて、いつか特講にいけたらいいねといっている。

下六川地区での温かい触れ合い

美智子　雄さん、中学校まで一般社会にいたんだったんじゃないの？

青木　中学まで東京にいて、それから豊里実顕地の高等部へ入って、高等部にいるとき

みかんを収穫した後の選果

に、六川実顕地にみかんの収穫にきて、それから毎年、みかんの収穫にきて、村の人たちの人柄が良くて、温かく接してくれて、雰囲気がいいから、六川にいきたいと常にいっていた。そのあと僕は大学部へいって、大学部を出発（卒業）するときに、孝年のお父さんに電話をして「六川実顕地に呼んでください」といったが、断られた。

冬場は六川実顕地にきて交流をしていたが、六川実顕地でやりたいという気持ちが常にあって、巡り巡って、一二年前にこの実顕地にやってくることができた。

その当時、私と聡子はアメリカのオレンジ園（実顕地）にいて、それで子どもができて、子どもを育てるのは日本でということもあって、アメリカを引き払おうとしていたときに、孝年さんと美智子がアメリカにやってきて、「六川でやらないか」と声をかけてくれた。私は待ち望んでいたこともあって、「ぜひ！」と。孝年さんは、私が高等部生のときに、三重県の大安で果樹をやっていた。

上門　内部川実顕地でね。

青木　高等部からも大安へ果樹の手伝いによくいっていた。そのときに、孝年さんにはお世話になり、そのときからずっとお世話になっている（笑）。

上門　大安ではけっこう学園生を受け入れていたからね。

六川実顕地と他の実顕地の違い

青木　豊里実顕地で学園生として生活をしたときは、大人と接するのは、牛の糞出しのときぐらいだった。しかし、私の見方ですが、大人の人たちと一緒に楽しくやったことはなかったし、大人の人たちにも生き生きとした感じが見受けられなかった。

ところが、六川実顕地だと、若い人から年配の人まで率先して畑に入り、一気にみかんを収穫して箱詰めにし、出荷をするという、勢いがあったし、何より嬉しかったのは、村人が私たちを温かく迎え入れてくれたこと。そのとき、自分のなかで、ヤマギシでやっていこうと思った。だから、ヤマギシでやろうと決めたきっかけは、六川だった。

美智子　学園生から村人になったとき、ちょっと戸惑いはなかった？　自分たち学園にいたときの同士と、村にいる年配の人とは違うじゃない？

青木　かたい感じはした。

――かたい、とは？

青木　私がいったところは、ワイワイガヤガヤと楽しくやる雰囲気ではなかった。大学部が終わる頃、一志実顕地で果樹づくりを行っていた。そのときに、学園生をたくさん受け入れていたので、同世代の学園生たちとは楽しくやっていたけど、大人の人たちとはそんなふうにはいかなかった。

上門孝年さん・美智子さん夫妻

学園生のときには、なにかをやりたいものがあると、みんなで協力してやってきたが、配置が決まった実顕地でいざ何かをしようとすると、「それはできないんじゃない」とか、何とかしていこうという空気があまり感じられなかった。

「それはだめ」とか「やめとこう」とか。だから、ヤマギシの村から出ていく仲間もけっこういた。

地域とのふれあいを大切に

――篠畑さんは子どもに対しては?

篠畑　いちばん上の子は二四歳で、下の子は六川の幼年部に入れた。その頃はまだ参画していなくて、なぜ、参画して六川にきたのかといえば、六川の雰囲気が豊里実顕地や他の実顕地の雰囲気とは違ってみえた。朝から晩まで働いて、酒も飲めない、たばこも吸えないというのが、六川は温かくて、ほんわかとした雰囲気で、村の外からみていたら、豊里実顕地はカチカチのかたい感じだった。実際にヤマギシに参画してからも交流とかみかん収穫で六川にきて、私も青木と同じで、六川に配置になりたいと提案していたが、当時は「もう二年から三年、豊里でやりましょうか」という感じで過ごしてきた。

――そういわれるというのは、何かみているんですか?

篠畑　う~ん、その当時は何かみているのかなと思っていたけど。

奈緒　でも、豊里には二年半ぐらいしかいなかった。それからは六川で。

篠畑　どこかで孝年さんに会ったときに、「六川にこれるんだったら、きてよ」といわれた。

上門　えっ、そんなこといった?

篠畑　いった、いった。

美智子　全然、覚えてないんだ。

篠畑　そういわれたとき、「そうなんだ、六川、人を募集しているんだ」って、すぐに六川に移りたいとまた提案した。

上門　それでも半年ぐらいかかったやろ。

篠畑　半年ぐらいかかったけど、ようやく六川にこれた。

——六川はいいとこなんですね。

上門　当時は、春日山とか豊里が閉鎖的だった。私は二〇歳のときに参画して、内部川実顕地に配置になった。そのときに、地域の人たちとのふれあいがあまりなくて、六川とは違うなと思った。もう少し、地域の人たちと触れ合ってもいいのではないかと、心のなかで思っていた。

篠畑裕一さん・奈緒さん夫妻

——いまは地域との交流もあるみたいですね。

篠畑　いまは他の実顕地でも、地域と交流を始めている。

地域の人たちとわけ隔てなくつきあう

奈緒　六川は地域と村の人の境があまりないというか、実顕地も点々といろいろなところにあって、初めてきたときには、ヤマギシの村の人の家はどこで、地域の人の家はどれかわからなかったけど、実際、いろいろな人が出入りして、そういう村だからこうだとか、地域だからこうだ、という垣根が全然ないところだと思った。

篠畑　そうだ、思い出した。六川にくるきっかけは、子どもが六川の学園にいて、私たちは豊里にいた。その当時、いろいろヤマギシ批判の報道があったときに、子どもは親の近くの学園にみんな移動しようという動きがあって、うちの子どもも六川の学園から豊里の学園に移すといわれた。そのときに、「ちょっと待って下さい。子どもが豊里にくるんだったら、私たちが六川にいきたい」といったら、「ちょっと検討しましょう」という感じになって、そのときにタイミングよく、孝年さんから「六川にきたら」という話があった。

上門　二〇歳で参画して、二年ぐらいは三重県にいた。二三歳から六川の地元の消防団に入ったりして、地域の人たちとの交流はあった。つき合いは広い。

青木　地域の人たちと近い。だから、ここにきて三年ぐらいは区の会にださせてもらって、消防団にも入って、中山間地域の補助事業といって、区で自分の畑をみながら、国から補助金をもらう動きとかやっていると、周りの人も認めてくれるようになって、温かく受け入れてくれた。この人たちと一緒にやっていくことを実感した。区の会といっても、いいたいことをいろいろいう人もいるし、「そんなことあかんよ」とか話がまとまらないことがあったりするけど、やってきてよかったなと感じるし、豊里とかでは、ヤマギシ以外の人たちと顔を合わせて何かをやるというのはあまりなかった。

上門　いまでこそ、三重県地区では、商工会に入ったり、消防団に入ったり、ＰＴＡの役員をしたりしているけど。

青木　六川では、年一回、消防団で旅行にいく。

創設者たちの心を受け継ぐ

美智子　下六川地区でヤマギシをつくった人たちは、地域との関わりを凄く大事にしていたんじゃないかな。豊里などはけっこう苛めの対象になったりするじゃない？　私は小学校五年生のときにヤマギシの村に入って、豊里のヤマギシズム学園に入って学校にいくと、ヤマギシの子が苛められていて、ビックリした。「ヤマギシ、臭い」とか子どもたちが苛められている環境に急に入って、豊里の学育にいって、凄くビックリして、「いまから私、臭い子？」と。「ヤマギシは臭い」とか学校の子につつかれたりして、豊里にいたときはそういうのが

青木雄一朗さん・聡子さん夫妻

私たちの時代にはあって、でも、三分の一ぐらいはヤマギシの子だから、同じ仲間もいてという感じではあった。

私が結婚して六川にきて、子どもを保育園におくるというときに、孝年さんに「私、保護者の人とうまくやれるかな」と聞いたの。ずっと、私はヤマギシのなかにいたから、地域のなかで浮いていないかなとか、自分はどんなんだろうとかわからなくて、不安だった。でも、孝年さんは「そういう私の不安が理解できない」とかいって。実際、息子が保育園にいきだしてみると、地域の人たちのヤマギシをみる目がすごく温かい。「一体さん、一体さん」というけど、ヤマギシのことを凄く好印象をもって受け止めてくれている。これは、豊里ではなかったことだった。

これは六川実顕地をつくってくれた人たちが、たぶん、大事にしてきてくれたこと。豊里などでは、ヤマギシはこの線でやりますというのが強く出ていて、たとえば、学校から「朝ご飯を食べてはどうですか?」といわれても、「いや、ヤマギシは食べません」と。それにはたぶん何かの考えがあったのだろうけど、一般の人にはちょっと納得してもらえないようなことを、強行的に進めていく感じがあったかな、と思って。六川ではそのところをある程度、柔らかくやってくれていたのかな、と。

上門　六川も朝ご飯はなくなった。

「おれ、ヤマギシの子どもだぜ！」

美智子　朝ご飯のことはそうかもわからないけど、たぶん、地域の人がヤマギシのことを「うんっ？」と疑問視しなくてもいいような環境を、六川をつくってくれた人たちが築いてくれていたのかなと思う。この地域の人たちを大事にしてくれていたおかげで、子育てがすごくしやすい。

私が親と一緒に豊里実顕地にきたときには、「ヤマギシ」というじゃないですか。そうすると「ヤマギシ、ムズムズ」とかいわれたことがあるけど、六川ではそんなつまらないことをいわれたことはまったくない。

いま、子どもたちが「おれ、ヤマギシだぜ」と自分を紹介したがるでしょ。私たちの子どもの頃は、ヤマギシということを隠すことが多かったけど、そうやっていまの子どもたちがそういえるのは、六川をつくってくれた人たちが、地域の人に信用してもらえることをしてきたからだと思う。

おい、愛和館で食事してこいよ

上門　自分の同級生というか、小学校、中学校、高校のときも、ここでご飯を一緒に食べていたことがあった。もう四〇年前になるけど。

美智子　息子の友だちのお父さん同士が同級生だったりすると、「愛和館で食べてこいよ」といってね。いまだったら、「ただいま」といって、食べにくるよね。

奈緒　「ただいま」「おかえり」って。

――それは、ヤマギシの子どもではなくても？

美智子　ヤマギシの子どもではなくても、「ただいまっ」といって食べにきて、最近、きていなかったら、「久しぶりだね」とかいって。

篠畑　六川にきてすぐのときに、ＰＴＡの役員になった。そのときに、息子の同級生の親で、地域の人が同じＰＴＡの役員になった。その人がいうには、「ヤマギシにいったらな、遊びにいくたびに牛乳と卵をもってかえらされてな」と、いまでも鮮明に当時のことを覚えておられる。昔ね、けっこう、「一体さん」はこんなだった、あんなだったと、みんなが声をかけてくれた。

美智子　春祭りもそうじゃない？

聡子　まつりはもうないのか？

美智子　年に一回、タダで、ここでやっていたみたい。

篠畑　いろんな家をまわったって、いってた。

年に一度の「なんでも横丁」

美智子　私たちは三月二〇日に、「なんでも横丁」をやる。

聡子　みんなで出したいモノをだして、食べて、六川実顕地や津木実顕地の人たちや、地域の子どもがくる。

美智子　ボードに一応、担当が書いてあるけど。

奈緒　私、これをつくります、という感じで書いている。

美智子　たとえば私、フルーツポンチをつくります、と書いているけど、それは私より、私の娘と娘の友だちでフルーツポンチをつくって、「フルーツポンチのお店」とするんだけど、小学校のときに食べたあれが楽しかったなと、ひとつでもうちの子たちにそういう思い出ができたらいいなと思って、「なんでも横丁」には、力を入れている。

――どのぐらいの頻度でやっているのですか？

美智子　年に一回だね。

上門　友だちを連れてくるから、年々、参加人数が増えてきている。そのうち、こどもたちだけでやるようになると思うね。毎月やってもいいが、女性陣が……。

――六川の人だけでやるのですか？

聡子　六川と津木の人たちで。
上門　うちうちでね。
奈緒　実顕地の企画に、外の人が加わってつくる。

お金やモノを放す生活とは

――ところで、お金をもたない、モノをもたない生活とはどんな感じなのか。一般社会ではお金やモノに固執する傾向が強いが、お金やモノを放すという生活は、どんな生活感覚なのでしょうか？

上門　欲しいモノがあったら提案するし、必要なモノだったらお金をだしてもらうし。
美智子　欲というのはある程度、考えていかないとどんどん膨らんでいくような気がするし、本当に自分が提案することで、必要なのかなとか、たとえば、この人がもっているものをみたら欲しいと思うのか。提案することで、本当に必要なモノなのかと一回思うよね。
　子どもが生まれたときに、買いものにいったら、子どもは絶対にお菓子とかほしがるよね。そういうとき、「今日は一個にしておこう」という日があってもいいと思う。目的がなかったらとくに子どもを店につれていくこともないと思う。だから、私はモノをもつ生活をしたことがないからわからないけど、必要なモノは必要なときに、という質素な生活があってもいいのかなと、思う。

奈緒　小遣いもあるからちょっとしたモノは買えるし、私たちはヤマギシの村へくる前だと、給料のなかでどう使うか考えて生活をしていた。ヤマギシではそういう意味では、お小遣いとして使えるものは使えるけど。でも、うちは家が貧乏だったから……。

篠畑　実家はめちゃくちゃ貧乏だった。

奈緒　欲しいモノがあっても買えないのが当たり前で、ものすごく貧乏だった。

篠畑　服が欲しい、欲しいといっているのに、一向に自分の服は買わない。

上門　だからいつもいっているが、いい服を選んでやってよと。

美智子　一緒に服を買いにいったこともあるよね。だから、子どものときの環境って、大きいかもね。

奈緒　だから、ヤマギシの村にきたからお金を使えないとか、村以外の生活をしていたからお金を使えるとか、そういうものでもないと思う。

篠畑　参画するまえは、そこそこの稼ぎはあった。当時から、食べものはほとんどヤマギシの生産物ですませていた。

――ヤマギシの生産物は少々高い？

篠畑　高いです。

奈緒　だから、食費は凄かった。

篠畑　毎週八〇〇〇円から一万円ぐらいかかっていた。

奈緒　一カ月の食費は二人で六万円。

篠畑　食費にはお金をかけるけど、ほかのモノにはほとんどお金をつかっていなかった。

――篠畑さんは、参画する前はどんな仕事をされていた?

篠畑　建設業です。それなりの給料はありましたけど。

奈緒　私は一万円に価格が近づきそうなときは、「これも買っていいか」と聞いて買っていたから、別にヤマギシの村だから、というのではなく、ふだんから提案していたものね。

篠畑　逆に、村の暮らしは私にとって、それまでの暮らしとガラッと変わったという感じではなかった。参画する前から晩酌はしていないし、タバコも吸っていなかったから、凄いハードルを乗り越えてというよりは、「あっ、こんなもんか」という感じだった。

青木　いま、晩酌はしている。

篠畑　いまのほうがよく飲んでいる。年をとってきて、ビールのおいしさがやっとわかってきた。

黒字でも、赤字でもやりきる

青木　六川でも、赤字になったときはどうしたら黒字になるかとか、ぐっと気を詰めることはある。

――ヤマギシは連結決算ではないんですか？

青木　そうです。ヤマギシでは財布はひとつといっているからね。ヤマギシ全体で黒字だったら、それでいいのではないかという感覚と、六川単体で黒字にしようという感覚がある。そうなると、あまり金、カネとなると、やりたいことがやれなくなったり、買いたいものが買えなくなったり、非常に狭い方向に考え方が向きがちになる。

しかし、金がなくても、こうしてこうやればいいと、そのときそのときでやり方を見出してきている。だから、赤字で見えてくることもあるし、黒字で見えてくることも、両方ある。経営的にうまくいっていないときでも、一緒にやっている連中と何とかしていこうとか、向いていく方向がひとつみたいなものがあったから、いまがあるという気がする。

――へえ、ヤマギシでも赤字のときはあったんですか？

青木　ある、ある。

上門　赤字ばっかり。ただ、赤字だからこんなことができなかったとか、あんなことができないというのはあまりない。一般社会では、赤字だったら、だいぶ切り詰めなければならないが、そこが大きいところかな。本当にやりたいことはできる。赤字だからと、そんなに気にしなくてもよかったんだろうなと。いま思えば、そういう過程を経ていまがあるというか、人も育ってくるし、それも自分にとってはいい経験だというか、それがあったからこそ、いろいろなことを考えられたり、視野が広がったのかなと思う。

女の人は仲良しが一番

美智子　女の人は仲良しが一番だと思う。男の人は経営のこととかをある程度考えてくれたりするが、女の人は仲良しだよね。

上門　とくに少人数の実験地というのは、女の人がギクシャクしているとね……。

美智子　女の人が仲良しでないと駄目だと思う。女の人は感情で繋がっていたいという部分がある。一週間に一回、女性研があるが、長くなるよね。

奈緒　一時間ぐらいを目安に終わろうと思っているが、毎回、二時間は超える。

美智子　何かあったとき、女性研で出そうというのがあるってことは、女の人は男の人よりも感情動物だと思う。

上門　しゃべるのが好きなんでしょ。しゃべってなんぼみたいな……。

女性陣　そうそう。

上門　しゃべるだけでスッキリするというか。

美智子　たまにはここにいきたいんだと認め合ってくれ、ぐらいの、ちょっとわがままがあってもわかり合えるぐらいの、いまあのひとはこんなことを考えているな、とわかりあえるぐらい、女の人同士はわかりあっているほうがいいと思うし、愛和館に一番力が入っていけるような体制というか、それが女の人の立場では大事なこと、大きなことだと思う。
私だったら果樹部だけど、そこをおいてでも、愛和館が潤う暮らしが女の人のやりどころかなと、思っている。だから、私もよく食生活に入ったりするけど、みんな仕事を終えて愛和館に帰ってくる、この愛和館の場を充実させるというのが、女の人の役割としてはすごく大きいと思う。

――愛和館の料理はおいしいですよね。

全員　おいしい。

何でも話せる場がある

篠畑　私がヤマギシに参画してすぐの頃、昔の同僚だった奴の結婚式があった。そのときに、かつての同僚たちと飲んだら、みんな職場でのすごい悩みを口々にいいだして、「おれ、本当はこんな話をしたかったんだ」と。ふだん、そういう話ができないんだって。話をする相手がいない。自分たちだったら、研鑽会の場とかいろいろ出し合う場がある。でも、彼らはそういう場がない。大変だなと、話を聞いていて思いましたけど。

上門　おれはどこでも話をしているけど。

全員　（笑）。

篠畑　そのとき話した相手というのは、建設会社のなかでもエリート中のエリートが勤める会社で働いていて、同期といえどもまわりは競争相手ばかりで、そんななかで生きていると、そういう悩みを話せる相手がいないといっていた。

美智子　何か話せる自分ではなくなってくるんだろうね。だからヤマギシがこういう環境というか、孝年さんだったらどこでもしゃべるといったけど、何でも話せる自分になるのかもしれないね。私も話せないということはないからわからないけど、まあ、自分の心に土足で入られても困ることはないし……。

研鑽イコール仲良し

——ヤマギシの胆というのは研鑽ですか？

上門　研鑽ですね。

青木　仲良し？

上門　研鑽イコール仲良し。みんなが集まって話をしていたら、お互いがどんどん近くなってくる。いまこの人はこんなことを考えているんだとか、こんなことを思っているのだとか、そういうのがわかるだけでも、その人が近くなる。研鑽の場に出てこなかったら、その人が何を考えているのかわからない。そういう意味では、話したら話した分だけお互いに近くなる。ふだん、あまり話をしていなかった人でも、いざ話をしてみると、こんな人で、こんなことを考えていたんだとわかるし。

聡子　だから、仲良しということも、自分でそうしたくてするという感じ。

篠畑　一般の社会は競争社会であって、そういうのはストレスに繋がる。ヤマギシの社会を知ってしまうと、こういう世界があるのに、自分のいまいる競争社会とは全然違う。これが最初はものすごいストレスになった。

美智子　そういうふうに思ったんだ。私ら、特講にいったときに、まったく感動はしなかった。

聡子　そう、本当に感動はなかった。

美智子　私は高等部のときに特講にいったが、悪いけど、特講のことは全然覚えていない。高等部のときに、先輩たちに送り出してもらうのだけど、「何の感動もないけど、過ごしてきな」という感じで送り出されて、特講にいったけど、別に新しい世界もなかったし、感動することもなかった。

村の子どもの育て方

奈緒　私、子どもを育てるときに、一番上の子は幼年部から六川にいるが、その前は大阪で育てていた。公園でみんなで遊んでいると、子ども同士で誰かのおもちゃを使うというときに、親が「○○ちゃん、貸してね」とか、「ありがとうね」とか、親のほうが「使わせてもらいます」という感じで、子ども同士がワーッと遊ぶというよりは、親の手のひらの上で子どもが育っているな、という感じだった。

ところが、ヤマギシの村だったら、外からきた人が、「どこの子がどこの子かようわからん」とよくいうように、本当にどこかの親の子というよりは、みんな村の子どもとしてみているし、研鑽会で「いま、うちの子はこんなんだよ」といったら、自分も心が寄るというか、そんな感じでみている。自分が何ができるのかなとか、一緒に考えることができると思うし、ヨシキが大勢の村人がいる前で、「女の子とつき合う宣言」をしたときも、応援したいと思ったし、嬉しかったし、そういう気持ちを一緒に共有できるのがいいなと思っている。

美智子　この間、ケンくんをうちら、叱ったんだよね。

聡子　母親が二人も三人もいるような。

美智子　ケンくんを叱った次の日に、私が奈緒さんの髪を切っていたときに、「昨日、ケンを叱ってね。今日はたっぷり褒めてやらなきゃいかんね」とかいってね。

青木　前にも、ケンが叱られていると、ヨシキが「男だったらこんなこともあるよ」と、ケンの肩をもっていた。俺はどんな内容で叱られたのか知らないし、どんなときにヨシキがケンの肩をもったか知らないが、いわれたことはわかるだろうな、と。

美智子　ケンを叱ったあと、さっちゃんは家に帰ったら様子がわかるだろうからいいけど、私はわからないから、「大丈夫かな、落ち込んでいないかな」とか、気になって、次の日、大丈夫かなと思って。

青木　ケンが帰ってきたときに、明らかにふだんと態度が違っていたが、これはこれでいいのかな、と思った。

美智子　子どもにとって、こんな経験はどうなんだろうね。

聡子　親がいっぱいいるような。

青木　うちの子なんて、地域のヤマギシの会員さんが集まっているときに、会員さんに怒られていた。

美智子　叱ることもあるけど、絶対可愛いから、いっぱいかわいがってもいるよね。

奈緒　うちの下の子は思っていることを全部バーッといってしまう子で、そんなことはいわんときとか、そんなことをいわせない気持ちが出てくるんだけど、聞いてくれる人がいるから……。

美智子 私の子どもの頃と似ている。

奈緒 そういう意味では偏った子育てにはならない。夫婦二人で育てていると、ひとつの方向だけにいってしまいそうになるけど、いろいろな人が子どもをみているから、偏った育て方にはならないかな。

ヤマギシでの結婚

――皆さん、結婚は参画されてからですか？

美智子 はい。

聡子 はい。

奈緒 私は結婚してから参画しました。

――どんなふうにヤマギシでは結婚するんですか？

上門 その人にもよるが、恋愛に興味がない人は結婚調正機関に提案するとか、「ヤマギシでの結婚はこうだとか、こうでなければならない」というのはない。

美智子 私の場合、ヤマギシにくる前に、六川の近くの一軒家に住んでいた。うちのお母さんが特講にいって、ヤマギシを知って、私がまだ小学生のときだったけど、高校生の孝年さんが遊びにきていた。

奈緒　そのときのこと、覚えていた？

美智子　覚えていた。それで親がヤマギシに参画して以降は、ずっと孝年さんとは会っていなかった。私が豊里実顕地で美容師を始めたときに、十数年ぶりに再会した。そしたら、孝年さんはどう思ったの？

上門　こいつだとはまったく思っていなかった。

奈緒・聡子　えーっ。

青木　おれはあまり、いわんとこ。

上門　もう、忘れた（笑）。

美智子　私はまだ二〇歳だったから、孝年さんは、私に「結婚」と直接いったら、引かれると思ったんじゃない？

聡子　まわりを固めて、結婚せざるを得ない状況に追い込んだ。

美智子　孝年さんとはつき合っていたけど、まわりの人や係の人から結婚とかいわれて、「えっ、私、結婚するんだ」と思った。

上門　俺は美智子と結婚する気はあった。それでプロポーズしたつもりやけど、美智子はプロポーズされてない、というんですよ。

美智子　私はプロポーズしてもらっていない（笑）。さっちゃんのときは結婚のとき、指輪を買ったっていうけど、私が「指輪を欲しいな」といったら、参画した人が放した指輪を見せられて、「このなかから結婚指輪に似ているものを探したら」「サイズはなおしてくれるよ」といわれて、「これとこれが似ているかな」といって結婚指輪を選んだ。

青木　そんなもんですよ。

美智子　そんなふうにして選んだ結婚指輪だから、大事にしないよね。どこかにいってしまった。

奈緒　どっかへいったの？

上門　すぐ、どこかへいってしまった。

青木　指輪なんかしないよ。

美智子　でも私は指輪をするのにちょっと憧れていた。でも、結局は誰かのお下がりだったから、それからは指輪をはめたことがない。

聡子　うちらは指輪をしたよ。それも、参画した人たちが放した指輪を見せられて、これを売って現金にしなさいと。

美智子　いいな、その考え。一年から二年経つと、考え方も進歩するんだね。

――青木家は？

聡子　三重県にいたときに、私が高等部一年で、雄さんが高等部三年のときに知り合って、いつのまにか恋愛に発展し、結婚した。

――誰かに結婚のことを報告するんですか？

聡子　「結婚したいです」と提案した。

上門　形式ですよ。結局は、お互いが良かったらもう……。

美智子　でも、まわりからみて合う合わないというのは多少、あるよね。

上門　多少はね。

――まわりの人は結婚についていいわないんですか？

美智子　まわり人から結婚のことをいってもらうこともある。

聡子　一般の社会でも、まわりからいうじゃないですか。その程度はある。

上門　親が反対するとか。

聡子　お見合いもあるじゃないですか。

美智子　いま思うと、まわりからみると、この人とあの人は結婚するんじゃないかと、意外とわかるよね。

聡子　まわりからみて、この人とあの人は合うんじゃないの、というのはもちろんある。

上門　人それぞれだけど、段階を踏んでこういうふうになっていく、というのはあまりない。

美智子　でもみんな、結婚したくて結婚している。

上門　最終的には、見合いにしても、村のなかで紹介されたにしても、本人同士の意思で結婚する。

青木　研鑽学校へいったとき、まわりの人たちから「どうして結婚するんだ」と、ぐいぐい尋ねられたことがある。で、「好きだから」と答えたけど。

聡子　そういわないと、まわりは納得しないものね。

生産物はファームから

——いま、供給活動は減らす方向ですか？

美智子　いまはファームになっていく動きですね。

聡子　あるいは直売所にきてもらうとか。生産物を届ける家の人たちもみんな年配者が多くなった。

篠畑　共働きが多くなった。昔は、昼間に各家庭をまわっても、みんな女の人が出てきてくれたけど、いまはおばあちゃんばかり。

美智子　共働きが多いんだ。

篠畑　供給活動が減ったというのは、共働きが多くなったことが大きい。昼間、街中をまわっても、若い主婦はいなくて、お年寄りばかり。

聡子　昔は生産物利用者でグループをつくってもらって、グループの核となる家に有精卵などの生産物を届けていたけどね。

篠畑　昔は、一日四カ所ぐらいしかまわらなかったっていいますよ。

聡子　その家にいったら、みんなが集まってきて、生産物をもって帰ったり、届けた人と話などをしていたけどね。

篠畑　いまは時代なのかな。

聡子　いま、若い世代が堺ファームに子ども連れできている。

大きな実顕地と小さな実顕地の違い

美智子　春日山実顕地を取材されて、大きな実顕地と小さな実顕地とでは雰囲気が違いますか？

——全然違います。

美智子　村のなかで大きな実顕地と小さな実顕地がそれぞれあるのは、いいと思わない？

都会と田舎が合う、合わないとかがあるみたいで。

上門　自分は大きな実顕地は合うが、小さな実顕地は合わないとか。あるいはその逆とか。

青木　それはあると思うな。

美智子　この間、春日山実顕地の子どもたちがみんな六川にきたときに話したんだけど、その子どもたちが、春日山よりも小さな実顕地もあるって知ることは、子どもたちの見方も広がるのではないかと思ったけど。

――豊里はちょっと冷たい感じがするのかな？

美智子　そうかもね。豊里は都会的な感じがするかもね。なんか、詮索し合わないというか。

青木　人がいるけど、お互い近くない。

聡子　それはあるかもしれない。

篠畑　豊里は大きすぎるから、いい面も悪い面もある。ご飯食べるときでも知らない人がいる。六川はみんな知っている人ばかり。

奈緒　私、豊里にいたときに、ご飯を食べるときに名前を聞いていたもの。

美智子　私たちが結婚する前だけど、豊里で提案すると、パソコンで「それはやめときましょう」とか「ＯＫですよ」とか、メールで結果を知らせてきていた。いまはどうなって

勢揃いした六川実顕地の村人たち

いるか知らないけど、私はそれが嫌ではなかったけど、人によって「誰がそれを決めたのか」と気になる人は、豊里とはあまり合わないだろうね。

上門　今回でも、豊里にいって、うろうろしていても、何もいわれないけど、春日山にいったら、「何しにきたの」とか、いろいろ聞かれた。

青木　大きな実顕地よりも小さな実顕地でやったほうがいい場合もあるし、なんだかんだといっても、その方向でその人にあっているかどうかはわからないけど、その人をみて、この実顕地でどうなのかはあるよね。

美智子　意外と自分では自分のことはわからないかもね。人からいわれたことは、聞く耳をもって損はないかもしれないね。

実顕地を出て一度は外でやってみたい？

——実顕地を出たいと思ったことは？

青木　ヤマギシズム学園を出発しても、暮らしに困ることはない。だから、もう少しひとり暮らしをして、苦労したほうがいいのではないかと思ったときはある。

——どうしてそう思ったの？

青木　衣食住は不自由ないし、やりたい仕事もある。「このままでいいのかな」と親父に話したことがある。

上門　そういう意味ではそんなことは思ったことはなかった。ただ、もっとほかの実顕地にいってみたいと思ったことはある。

青木　おれはそれはなかった。

——お父さんはなんて？

青木　ああせえ、こうせえとはいわなかったけど、「考えろよ」とひと言。でも、まわりにはけっこう村を出て外でやってみたいという連中は多かった。

聡子　だっていっぱい村を出て、残っている人は基本的に少ない。

美智子　一般の社会でやっている人が格好良く見えたことはなかった？

聡子　そんな時期はあった。

美智子　高等部を出たときぐらいに、知らない世界だからと。

聡子　箱入り娘で育ったから、学育のときから、中等部、高等部、大学部ときて、村に入って、お金をもったこともないし、ご飯をつくったこともないし。

美智子　化粧をしたこともないし。

聡子　化粧をしたこともないし、買いものをしたこともないし。だから、そういうことをしたいと思って、村を出てやってみたいなと思ったぐらいかな。

上門　美智子は箱入り娘だから、電車もよう乗らんし。

美智子　だから、子どもは電車に乗れる子に育てようと。

青木　いまから突き放して、豊里実顕地まで電車でいってこいとか（笑）。

――出たいと思ったことはあるんですね？

青木　そう思った時期はあった。

美智子　親になってから出たいと思ったことはある？

青木　それはない。

聡子　結婚して、親になってからは出たいと思ったことはないな。

美智子　自分が村を出たいということよりも、自分がこの村をつくっていくと思っているし、自分のやりたいことは村のなかでできると思っているし、そういう立場になってきているのかな、と。

聡子　そういう年齢にもなっている。

美智子　やっぱり、村を出たいと思うのは独身のときだね。同窓会もいかないと。

奈緒　電車に乗りたくないとか。

美智子　私、出不精だから。

上門　それは前からだろう。

美智子　でも私、独身のときは同窓会にいってみたいと思っていた。

上門　おまえ、独身のときって、期間が短いだろ？

美智子　期間は短いけど。

青木　なんで独身の期間が短いの？

美智子　すぐに結婚したから。プロポーズしてもらっていないけど、お嫁にもらってくれたから（笑）。

聡子　独身の期間が短かった（笑）。

上門　早く結婚してやらんと不幸になっていた。

美智子　不幸になっていた？

聡子　子どももできたし、良かったよ。
美智子　これで子育て早く終わったら、何をしようかな。

特講にいっていなかったらどうなっていたか

——特講についていては？
聡子　特講は感動はなかったけど、子どもには特講にいってほしい。
美智子　私もそう思う。そこまでは子育ての親の役割かな、と思う。
聡子　考え方ということでは、自分が思っている考えと、もっと深く考える機会があったらいいなと思う。
篠畑　私は特講を受けていなかったらと考えると、自分が恐ろしい。
美智子　恐ろしい人になっていたの？
篠畑　ええ、恐ろしい人になっていたかも。いまが凄く楽だから、特講でパッと変わった。
奈緒　だって、凄く人が変わって帰ってきたもの。
——ご夫婦で一緒にいかれたのではなかったのですか？
奈緒　私のほうが一年半ぐらい先に特講にいっていた。
美智子　すっかり変わって帰ってきたの？

奈緒　うん。
青木　特講はだいたい母親のほうが先にいく。
篠畑　特講にいっていなかったら、上の子はどんな子どもに育っていたかと思うよ。
美智子　厳しく育てたんだろうか？
篠畑　厳しくというよりは、二四歳のときの子どもで、両方の親も遠くに住んでいたから、夫婦二人だけでどうやって育てていけばいいのか、全然わからなかった。
美智子　へえ～。
篠畑　特講にいって、そのあと、特講にいったお父さんたちが集まって、「お父さん研」をやるというので、それに参加して、子育てのことや夫婦のことなどを、みんな出し合って、それで自分自身がはっきりしてきた。なんていうのか、それから子育てはあまり迷ったことがなかった。特講やそのあとの「お父さん研」はよかった。
美智子　私は子育ては迷いまくり。
奈緒　迷いながらも、それを出し合いながらね。
篠畑　いろいろその都度、こうやっていこうか、ああやっていこうかと出し合って、だから、子育ては凄い楽だった。これだけは断言できるけど、子どもに対して腹を立てたことがない。

美智子・聡子　へえ～？
篠畑　叱ったことはあるが、怒ったことはない。これだけははっきりいえる。
美智子　すご～い。

腹は立つが、それは正常ではない

聡子　私なんか、腹立ってばかり。
美智子　私も腹を立てまくりよ。腹を立てては反省しての繰り返し。女は感情的だからね（笑）。
奈緒　私も怒っているよ。
――えっ、腹が立たないいんじゃないですか？
女性陣　腹は立つよね。
奈緒　子どもに対してでしょ。
美智子　でも、腹が立つことが正常だとは思っていない。腹の立つ原因が相手にあるとも思っていない。
奈緒　自分のなかにあるってことね。
美智子　最近、子どもの中間試験とか、期末試験があって点数をみた。私はふだんから落ち込んだり、テンションが高くなったりすることはないが、子どもの期末試験や中間試験がある朝は、どんよりとした気持ちで起きることがあって、「ああ、私は正常じゃないな」と思ったので、奈緒さんところは受験を経験してきている人だから、聡子さんと三人で集まって、「私はいま正常ではないので、親としてどう子どもをみていったらいいのかな」という話を聞いてもらった。それで私がやったらいいところがみえてきて、いままた朝、スッキリ起きれるようになった。

私は腹も立つし、モヤモヤすることもあるが、それが正常じゃないと思っているから、そんなときは、奈緒さんや聡子さんに迷惑をかけてでもいいから、私が正常に戻れるようにと思って、申し訳ないけど、みんなのことを引っかき回している。

上門　子どもの勉強のこととか、熱が入ってきているのがすぐわかる。

青木　親らしくこうしていきたいという気持ちは、まわりでもくんでいると思う。だから、まわりではヨシキ、がんばれと。

みんなの前で心を打ち明ける

美智子　最近、養鶏法の研鑽会が六川であり、五〇人ぐらいが集まった。その前で、ヨシキが「最近、嬉しいことがあったので発表したい」といい出して、みんなの集まっている前で、「ずっと片思いだった彼女とつきあえるようになりました！」と（笑）。

聡子　みんなが、ワーッと、拍手をして。

美智子　でも、親としたら、ちょっと引くよね。

奈緒　中学二年生なんだけど。

聡子　嬉しいことを表現したい。

美智子　養鶏法できていた人のなかで、「その子と同じ高校にいきたいか」と質問してくれた人がいて、その彼女は凄く頭のいい子だから、一緒の高校にいくのは無理なので、ヨシキは「一緒に通学できるようになりたいです」と。

篠畑　でも、ヨシキの発表を聞いて、「あんな子どもが育っているんだ」と、感動していた人がいた。

美智子　私はヨシキの発表を聞いて、ああいう姿は情けないと思っていた。私の理想はクールにモノゴトを進めて欲しいことで、学校から家に帰ってきたら、テストが何点だったよとかいわない子に育って欲しいと思っていた。ヨシキの発表をみて、感動してくれる人がいたんだと、思ってね……。

篠畑　自分の喜びを村人みんなに伝えたいといって。あれがヤマギシの子どもだと、凄く感動していた。

青木　子どもたちの雰囲気がいいなと感じる人はけっこういるかもしれない。養鶏法とか、二月はいろいろな企画があって、六川に人が集まる機会が多かったので、子どもたちをみてけっこう感じる人はいた。

よく考えている子どもたち

美智子　本当に子どもたちは仲がいいよね。
聡子　生まれたときから一緒に育っているから、兄弟みたいな感じだ。
美智子　どんな感じの大人になっていくんだろうね。親としては親を超えて欲しいと思っているけど。
青木　背は超えたけどね（笑）。
美智子　もっと大きな大人になって欲しいと思っているから、ヨシキに対して欲が出てくるんだろうね。
奈緒　親のようにはならないんじゃない？　親と違う人間に……。
美智子　先日、ヨシキに話をしたんだけど。「私は高校もいっていないし、村のなかである程度は役に立っているかもしれないが、社会に出たら通用する人間にはあまり育っていないんだよ。だから、これからの時代はある程度、高校受験も必要なんじゃないの」といったら、ヨシキが「パパは高校へいっているけど、ママとパパは幸せそうやん。だったらいいやん」といったので、思わず「そうおっ」て……。「あなたにはそれ以上のものを望んでいるからね」といったんだけどね。

奈緒　ヨシキはいい子だと思うよ。よくみているんだと思う。

美智子　私なんかよりもっと社会に通用する子に育って欲しいと思っているが。

奈緒　通用すると思うよ。

青木　一番は、ここにいて家だなと思っているとか、まわりの人が彼のなかに入っているのが大事だね。

美智子　それは大事。

青木　そこだと思うよ。

垣根のない人間関係を育む

篠畑　うちのユウスケもモモコでも、一般社会に出たら「どんな育ち方をしたんや」とユウスケなんかはいわれるとか。「どんなんやったら、おまえみたいに育つんや」と。

美智子　私らは村でしか育ってないから、一般社会に出て通用する？

奈緒　人との境がないよね。

篠畑　専門学校の先生から、「ユウスケくんはこんなんですよ、やっぱりほかの子とは違う」といわれたことがある。人との境がないというか、すぐに人のなかに溶け込んでいく。ある日、「二つの意見があるが、あなたはどっちの意見を押しますか?」という、議論をする授業があったとき、一対クラス全員というかたちで意見がわかれたとき、ユウスケは人数の少ない一人のほうについたんだって。先生がそれをみていて、「ふつうなら多いほうにつくんですが、ユウスケくんはそんなやさしいところもあるんですね」と、いっていた。

友だちからも、面と向かっていわれるんだって。「どうやったらおまえみたいな子どもに育つんや」と。だから、ヤマギシでしか通用しないというのではなく、ヨシキも外に出たらウェルカムというか、そういう人材なんだなと思う。

奈緒　いろんな人と一緒になってやれる力をもっている。

篠畑　高校へ入学したときも、ユウスケは一週間でクラス全員と友だちになったといっていた。

美智子　みんなと一緒にやっていける子に育っていったらいいなと思う。

青木　ヨシキらしさ、というその「らしさ」が潰れないようにね。

美智子　「らしさ」が潰れないようにしたいね。

六川実顕地全景

青木　人間だから環境に押さえ込まれたり、いろいろあると思うが、それでも「らしく」生きて欲しいと思うから、そういったときに、たとえ村から離れたとしても、どこかで村に帰ってきたときには、しっかり受け止めてやりたいと思う。

――ありがとうございました。

（二〇一六年三月収録・六川実顕地）

三〇年ぶりに訪れた、和歌山県下六川地区のヤマギシズム六川実顕地は、私を温かく迎え入れてくれた。心優しい、六川実顕地の人たちとの触れあいは、人生の最高の喜びだったといっても過言ではない。

ヤマギシズム実顕地は、その実顕地によってもっている雰囲気は違うが、とりわけ六川実顕地は、村人みんなの仲が良く、穏やかな空気に包まれている。自然にも恵まれ、とりわけ子どもたちはのびのび育ち、自分の喜びを村人と一緒にわかちあう心や、他人とすぐに仲良くなれる心の広さ、そして、周囲の社会を見る視線の鋭さ、など、ヤマギシの村で育つ子どもたちには無限の可能性が宿っているように思える。

六川実顕地は、ヤマギシ実顕地のなかで唯一、地域の暮らしと共にときを過ごしてきた実顕地として、特異な存在であるといってよい。

一人でも多くの人に、この六川実顕地を訪れてもらい、この村がもつ豊かさや柔らかさ、訪れる人を寛大な心で包んでくれる包容力などにぜひ、触れてもらいたい。

ここがどんなに素晴らしい村であるのかを、ひとりでも多くの人に知ってもらいたいと、切に願っている。

第六章　ちょっと堅いヤマギシズムのはなし

ヤマギシ会の理念とは？

創設者の山岸巳代蔵さんが提唱したヤマギシ会の理念とはどんなものか。ヤマギシ会のホームページには、理念として次のように記されている。少し長いが、全文をここに紹介する。

「幸福会ヤマギシ会は『自然と人為、即ち天・地・人の調和をはかり、豊富な物資と、健康と、親愛の情に充つる、安定した、快適な社会を、人類にもたらすこと』を趣旨としています。

人間を自然と対峙するものでなく、自然との一体のものとして自然と調和すべきもの、人も単独では存在し得ないから他者と一体の中の一員として、人と人も調和すべきものであるとの考え方から、会旨に『われ、ひとと共に繁栄せん』を掲げています。

自然界の理に即し、人間および人間社会のあり方を探求し、それを実践することによって、人間社会本来の姿『すべての人が幸福である社会』を実現しようとするもので、このような社会を実現することは、宗教に頼らず、勿論暴力にも依らず、人間の知能により科学的に可能であるとの確信のもとで、あらゆる事柄について衆知を集めて検討し、常に最高・最善・最終的なものを見極めつつ、それを実践し、心も物も充ち満ちた真の幸福社会（これをヤマギシズム社会と呼んでいる）の実現を目指して行動している社会づくり実践活動体です。

幸福会ヤマギシ会の目的を一言でいえば、全人幸福社会の実現です。

その行動原理とする「ヤマギシズム」は、無所有・共用・共活（あたかも、太陽や空気が誰の所有物でもなく、誰もそれらを所有しているとは考えていない、生きとし生ける物すべてが、その恵みを共に用い、共に活かしている状態）の生き方によって、全人（自己を含む現在および将来の全人類）幸福の『真実社会』を実現することができるとするものです」

つまり、「ヤマギシ会」の目的は、一言でいえば、誰もが幸せに暮らせる社会の実現、それを称して、「全人幸福社会の実現」といっている。世界中のすべての人々が日々、人間らしく生きることができる社会、過去の歴史の反省もなく、現代でもいたるところで起きているテロや殺人、強盗などの犯罪もまったくない社会、生きていくうえで周囲には必要なモノがあふれ、ひとり一人が心豊かに暮らせる社会、貧困に苦しむ人たちがいない社会、そんな誰もが望む社会を実現することが、ヤマギシ会の真の目的なのである。

このような「理想社会」を実現するために、ヤマギシ会が提唱しているのは、「無所有共用の一体社会」ということである。これは何も難しく考える必要はない。

このヤマギシズム理念のなかでもっとも基本的で重要なものが「一体」である。ヤマギシズムでは、人間や動物はいうに及ばず、宇宙自然万物すべては元々一体であり、時間的・空間的にそれぞれのモノが離れていたり、互いに異なる機能を発揮しているとしても、お互いは繋がっているという考えに基づき、「一体」社会を提唱している。

その「一体」の理念を実現するために重要なことは、所有観念と我執をなくすことである。つまり、「無所有」と「無我執」がヤマギシズムの基本的な理念の大元になっている。

ヤマギシズム実顕地での生活とは、ヤマギシズム理念に基づいた生活をおくることである。具体的には、一体理念に即した「一体生活」や、無所有理念に即した「無所有生活」、無我執理念に即した「研鑽生活」をおくることを意味している。それらをすべてひっくるめて、ヤマギシズム実顕地生活と呼んでいる。

「一体生活」とは

一体生活とは、単純に多くの人たちが集まって一緒に暮らすという共同生活や協同生活、共働生活の側面がないわけではない。しかし、単なる共同生活や協同生活だと、そこには必ず上下関係が生まれ、時には対立関係にも発展することもあり、個々人の間で差別意識や優劣意識が生まれることもある。それでは、真の一体生活とはいえない。

ヤマギシズムが提唱する一体生活とは、自分と他人の区別がなく、対立関係や上下関係もなく、ひとり一人の存在が社会にとって必要不可欠であり、お互いを差別せず、また、優劣意識にとらわれることもなく、お互いがそれぞれの価値を認め合い、わけ隔てなく、平等に暮らす生活のことを意味している。

だから、一体生活には、お金持ちがいるわけでもなく、かといって貧乏人がいるわけでもない。従って、そこには分配を行うという概念が存在しない。Aさんはよく働いたからお金を多くあげようとか、Bさんは今月、働きが悪かったからお金は少ないといった、人の働きによって、モノを分配するという考え方は存在しない。

誰がどのように働こうが、動こうが、それがヤマギシズム理念に基づいた行動であれば、誰からも後ろ指を指されることはない。

また、一体生活には上下関係がないから、支配する、あるいは支配されることや、命令する、あるいは命令される、ということはない。ということは、一般世間でいうところの部課長という、「長」のつく管理者はいないし、実顕地に暮らす人々は誰もが横一列に並んだ、同志ともいうべき存在である。

実顕地に暮らす人々にはそれぞれの役割があるが、その役割を果たすにあたっては、「われ、ひとと共に繁栄せん」という会旨に齟齬のない行動や判断をしているかどうかを、自分で常に検べて行動するのが原則である。

つまり、一体生活とは、人にとってとてつもなく暮らしやすい、過ごしやすい生活といっても過言ではないだろう。

「無所有生活」とは

次に、無所有生活とはどういう生活を意味しているのだろうか。無所有というのは、自分の所有物をいっさいもたないということを意味している。よって、そこから発想される考え方は、すべてのモノは「誰のモノでもない」という考え方である。すべてのモノは誰のモノでもないのだから、そのモノを利用する、活用するのに、お金を払う必要はなく、誰でも自由に利用できることを意味している。つまり、ヤマギシズム実顕地で暮らす人々にとって、お金をかけずとも、必要なモノを誰でも利用できるということだ。

しかし、そうはいっても現実は、自転車には村人個々人の名前が書いてあるものもあるし、傘の柄には個人の名前が書いてあったりもする。そんな場合は、名前が書いてある人が使用するものとの暗黙の了解があるのだが、かといって、他の村人がそれを使用できないということではない。

こんなケースがある。前の章の座談会にも出てくるが、台湾や中国からきている実習生が、個人名の書いてある自転車を乗り回して、その人からクレームがきたことがあった。しかし、考えてみれば、無所有であり、誰のモノでもないのだから、自転車に名前が書いてあっても、乗り回したら駄目ということには、厳密にいうとならない。

そうした場合には、書いてある名前の人に一声かけてから乗ればいいだけの話なので、「あいつが勝手に乗り回した」といって、目くじらを立てて怒る必要もない。もっとも、実顕地生活では「あいつ」といった悪い言葉は村人の口から出そうにはないのだが……。

この無所有生活をするために大事なことは、個々人がもっている所有観念をなくすことが不可欠である。所有意識があると、どうしても「誰のものでもない」という考え方にはなりにくい。

ヤマギシズムでは、この「私のモノ」という所有意識を「誰のモノでもない」という無所有の意識に変えていくために、「放す」という表現をよく使う。一般には解き放つといったほうが馴染みがあるが、自分の所有物を放してしまえば、それは誰のモノでもないものとなる。逆にいうと、誰のモノでもないから、誰もが合理的にそのものを活用することができるというわけである。

この放す、という概念は、単に自分が所有している財産を解き放すだけの意味で使われているのではない。そこには、自分の心のありようを含めて、自分を取り巻くすべてのモノを放すことを、意味している。

従って、解き放たれたモノは、必要なところで活用され、そのもの本来の力や機能が活かされることになる。

たとえば、研鑽会で自分が思っていることを口にした途端、その言葉は自分のものではなくなり、誰が発したということは問われずに、研鑽会のなかで討議されることになる。「あんなことをいって良かったのかしら」とか、「あんなことをいうべきではなかった」と、あとで思い悩む必要はまったくない。

だからこそ、自分が思っている本音を思いっきり出せるから、心もスッキリし、ストレスをためることもない。

とはいっても、人間だから、時には自分のいったことに思い悩むことがある。そんなときには、同じ村人に問えばいい。「私のあの発言、間違っていなかった？」と。そうすると、返ってくる答えはおそらく「まったく問題ないよ」「誰もあなたの意見が間違っているとか思っていないよ」であろう。

世間一般では、声の大きい人の意見が場を支配しやすい、通りやすいといわれる。しかし、ここヤマギシズム実顕地では、声が小さかろうが大きかろうが、まったく関係はない。その人が発した言葉の真意を究めることが重要だから、声の質は関係がない。

ということで、無所有という考え方が浸透するとどうなるか。顕著にいえることは、村人の間に、貧富の差が生じることはないし、モノをめぐっての奪い合いも生じる必要がない。実に、平和でのどかな暮らしができるはずである。

だから、個々人は財布をもつ必要がない。村人が放した資産や資金は、「ひとつの財布」に入れられているが、「誰のものでもない」資産や資金だからこそ、村人の必要に応じて取り出して使うことができる。

無所有生活とは、モノに固執しない、誠に楽な生活を意味している。

「研鑽生活」とは

研鑽生活とは、一般社会ではあまり聞いたことがない。それをひと言でいえば、生活のすべてを研鑽することによって決めていく生活形態のことを意味する。

実顕地の村人と話をしていると、しょっちゅう、研鑽という言葉に出合う。彼らにとっては、日々の研鑽は当たり前のことであり、生活の基盤をなすものだから、何の違和感もなく自然と口をついてでるのだろうが、一般社会に暮らす人たちにとっては、あまり馴染みのない言葉である。そもそも、ふだんの生活で研鑽という言葉はあまり使わないし、何か宗教的な意味合いにとらえられる可能性もあるだろう。

ヤマギシ会でいう研鑽とは、決めつけをもたないで、まっさらな立場から徹底的に検討することを研鑽という。別の言葉でいうと、「零位からの究明」ともいう。

零位という言葉もふだんはあまり使うことがない。ここでは、「決めつけや執われのいっさいない状態」のことを零位と呼んでいる。すべての事柄に対して、絶えず、これで間違いないのか、正しいのか、を検べていこうとする姿勢のことでもある。

研鑽とは、零位からの徹底究明というとおり、どんなに絶対であり、間違ってはいないないとされていることでも、本当に間違いがないかどうか、また、その時点で間違いないという結論に達したとしても、それでもまだまだ検べて見ると間違いが発見されるかもわからないと、どこまでも徹底して究明し続けていくことである。

研鑽のスタイルには、自分で行う自己研鑽や、二人で行う対話研鑽、三人以上で行う研鑽会がある。

研鑽では、各人が得心がいくまで検討し、全員の一致点を見出し、それを一応の結論として決定はするが、その結論を最善のモノ、絶対的なモノ、最高のモノと断定しないで、検討の結果を実行し、さらに、実行の結果を検討の判断材料にして検討し、というように、検討と実行を際限なく繰り返して、真理を究明しようとする生活が研鑽生活である。

この生活はかなりしんどい。際限なく検証と実行を繰り返す生活に嫌気がさすこともあるし、うんざりすることもあるに違いない。また、飽きがくることもあるだろう。

研鑽生活でもっとも大事なことは、楽しく研鑽を行うことである。そこに苦痛が伴っていては研鑽は長続きしないし、研鑽内容もうまくまとまらないだろう。研鑽することが楽しくなってきたら、言葉は悪いが、しめたものである。

研鑽会では、常に先頭になって発言をする人もいるが、まったく発言をしない人もいる。まったく発言をしない人は何も考えていないかというとそうではなく、ボソッといった言葉が思わぬ真理を突いていることが少なくない、ということをある村人から聞いたことがある。

このような研鑽生活を経て、村人各々が行動することを、ヤマギシ会では「私意尊重《しいそんちょう》公意行《こういこう》」という。またまた、聞き慣れない言葉が出てきたが、これは、個人の意思は最大限に尊重されるが、特定の個人の意思を通すことで他の個人の意思が妨げられることがないように、個々の意思や希望や意見は、すべて同列に扱われる。「われ、ひとと共に繁栄せん」という会旨に則って個々の意思や希望や意見は検討を加えられ、その時点で最善と思われる「一致点」を見出して、その一致点を実行に移すのが、「私意尊重公意行」のことである。

ヤマギシズム実顕地での生活上のあらゆる事柄が研鑽によって決定され、実行される。これがヤマギシ会の研鑽生活である。

しかし、「一体生活」「無所有生活」「研鑽生活」の趣旨や狙いは頭で理解をしていても、人間だから時には感情が爆発したり、落ち込んだり、悩んだりすることは、ヤマギシの村人といえども例外ではない。彼らはふつうの人々であり、聖人君子ではないからだ。

彼らが悩んだときや、生活に迷いが出てきたときにどうするかというと、研鑽学校へいくという手段がある。

世間一般では、悩んだり、迷ったりしたときは友人や親族に相談するとか、あるいは趣味に逃げるとか、アルコールの力を借りるとかするしか方法がない。だが、それでは、真の解決にはならない。そんなことは重々承知だが、いまのところ、適切な解決方法が見当たらないことも事実だろう。

ところが、ヤマギシでは、研鑽学校で自分を見つめ直す時間をいくらでも割くことができる。それが、世間一般の社会と違うところである。研鑽学校で自分を思いっきり見つめ直してから、また、村の生活に戻っていく。

ところで、「一体生活」「無所有生活」「研鑽生活」と聞くと、なにやら小難しいように思えるかもしれないが、そんなことはまったくない。人と人との差別がない生活、命令されることも命令することもない生活、お金の心配や老後の心配をまったくしない生活、着るモノも、暮らす場所も、食べるモノも、お風呂もすべてが用意されている生活、そして、自分が迷ったときに必ず誰かが助け船を出してくれる生活、そんな暮らしがおくれたら、こんなに幸せなことはないのではないだろうか。

ヤマギシズム実顕地には、そんな暮らしが存在しているのだ。

「特別講習研鑽会」とは

特講とは、「特別講習研鑽会」の略称である。では、いったい、特講とはどんなことをする研鑽会なのだろうか。「ヤマギシズム特別講習研鑽会への招待」には、次のように記してある。

「特講の目的は、人は、自分の経験や知識に基づき様々な判断をして、ともすれば自分の判断が正しいものと信じて疑わないところがあるが、そうした自分の判断が絶対のものかどうか、『本当はどうか?』を見直してみることによって、『何かを信じたり、決めつけたり、つまり、観念を固定することの弊害がいかに大きなものであるかに目覚め、固定しやすい人間の観念を、固定の観念のない観念へと、みんなでの研鑽方式により、真に自由なる観念へと急速に大転換する』ことである」

ひと言でいえば、特講とは、「本当はどうだろうか?」と主体的に検べていこうとする考え方を身につけることを目的にしているのだ。

そのため、特講への参加者の自由意思に基づき、ふだんの生活を離れたところで、自分について、自分の人生について、参加者自らが見つめ直し、時間にとらわれず、心ゆくまで考えてみる機会を提供するものであり、参加者全員が車座になって、進行係の問いかけに沿ってどんなことでも話し合い、あるいは自分と向き合って考えてみるというやり方を採用している。

私が特講を受けたのは、一九八一年一月に開催された第一〇〇〇回の特講だった。参加者は二〇〇名強。今では考えられないくらいの人数が、全国各地から特講会場であるヤマギシズム春日山実顕地に集まってきた。老いも若きも、出身地もそれぞれバラバラで、これからの一週間、どんな生活が待っているのか、ある種の期待と、ある種の不安が入り交じった気持ちで、特講の初日を迎えたことを今でも鮮明に思い出す。

何しろ、当時、私はヤマギシ会の人たちと、東京案内所がある高田馬場で、大酒を飲みながら、ヤマギシ会をああだとか、こうだとか大声でわめきちらし、くだを巻いていた。そして、彼らが最終的に口にするのは、「とにかく特講にいってほしい」ということだけで、どうして特講にいかなくてはならないのか、特講ではどんなことが待っているのかなど、肝心要のことはいっさい教えてもらえなかった。

参加者のほとんど、いや全員がそうだったに違いない。だから、いきなり「腹が立つのはどうしてか」と問われたときには、いささか面食らった。

「いったい、この人は何をいいたいのか？」といぶかしく思った。「腹を立ててはいけないのか？」「腹を立てるのは良くないことか？」といった疑問が次々にわいてきた。

しかし、そうやって問われているうちに、参加者のひとりが「腹が立つのは他人に原因があるのではなく、自分に原因があるのだ」といい出した。それを聞いたとき、私は正直、「この人は何をいっているのだろう」と思った。しかし、次々と、「私に原因があるから」という発言が続いたが、結論めいた回答はまったく出てこない。

何が正しいのか、何が悪いのかといった判断基準もなく、世話係も結論を出すわけではなく、「問うばかり」で、そのうち、ちょっと冷静になって考えてみると、確かに、腹が立つのは相手が悪いのではなく、自分自身にその要因があるのだな、とうすうす思えてきた。

知らない人がみたら、これは宗教ではないかと思うかもしれないが、特講は宗教ではない。それは断言できる。

ちょっとここで、少しだけ真面目な話をしよう。

特講ではどんな研鑽をするのかを紹介してみたい。六泊七日の特講で研鑽されるものには、「怒り研鑽」や「所有研鑽」「割り切り研鑽」などがある。

まず、怒り研鑽は、いかなる場合にも腹の立たない人になり、自分の考えと著しく異なる他人の意見を客観的に聞けるようになり、自分の意見を素直に主張できるようになったり、事態を冷静に受け止めて、それに適切な対処ができるようになったりすることを目的としている。

所有研鑽とは、すべてのモノは、自分の命や身体も含めて、「誰のものでもない」ことを参加者ひとり、ひとりが究明し、理解することが目的である。

さらに、割り切り研鑽は、自分の考えに執われることが、自分自身を不自由にしていることを知ることを目的とした研鑽である。

いずれの場合も、物理的、精神的に、押しつけや教え込むという方法ではなく、参加者自らが思考を深めるという方法を採用している。参加者が自らに向き合って、知的に考えることが特講の重要な要素である。

特講には進行係がいるが、彼らは、何かを正しいとか間違っているとかの評価を下したり、結論づけたり、誘導したりしないように心がけている。なぜなら、進行係の発言や態度が参加者の思考に過大な影響を与えることがあっては、特講の目的に反するからである。進行係は参加者がどんなことをいっても、「もっと考えて」というだけである。

ある人の言葉を借りれば、このような方法は、ソクラテスが「無知の知」を自覚させるために、アテネの市民を相手に行った「ソクラテス式問答法」や、禅問答と共通性があるそうだ。なぜなら、答えても、答えても、質問が繰り返されるのが特徴だからである。

そして、特講は何度も受けられるものでなく、生涯にただの一回しか受けることができない。

特講への参加者で最近、顕著になってきたことは、日本人より台湾とか中国からの参加者が増えていることである。

彼らは特講を受けて、ヤマギシの何に魅力を感じているのだろうか。ヤマギシの「むらネット」に掲載されている彼らの声を少しだけここで紹介してみよう。

「特講前はあまりヤマギシのことを知りませんでした。私は小さいときから、やさしくて、とても落ち着いていて、喜びに満ちた子どもでした。私には楽しむ力や幸福になる力があり、そうしたエネルギーをいろんな人に分けていきたいと思っていました。そして、一八歳のころ、私は怒りやすくなるように変わっていきました。なので、私は一生懸命その原因を探していましたが、なかなか見つかりませんでした。そして状況はどんどん悪くなる一方でした。怒り以外にもよく焦りを感じることもありました。それらは私の生活に少しずつ影響を与えていきました。私はこの特講を通して、自分を理解し、心の平静を取り戻せることを期待していました。そして、特講が終わり、そういったすべてのことが明瞭になってきました。私は自分や社会、他人、未来、生活と向き合い、それらをどんな方法で理解していくかが明らかになりました。私はもっとよくなることができるし、生活に目標と安定ができたと感じます。研鑽は果てしなく続くことがわかりました。研鑽を続けて、こういったやり方で生活をしていきたいと思います。これからやりたいことは、私は引き続き自己について探索し、理解し、いろんな私と向き合っていきたいと思います。私のいろんな感じ方を理解することによって、もっと他の人と近づき、理解し、調和した生活ができると思います。私は研鑽学校の各課程に参加して、いろいろな実顕地を訪問してみたい。そして、どのようにこの理想の習得を実践できるかを学習していきたい」（台湾女性二六歳）。

もうひとり紹介しよう。

「思考回路が増えたと思います。今まではほとんどの考えが感情によって支配されていましたが、今はひとつの情報からすぐにその物事を判断しなくなりました。軽々しく判断を下してはいけないと思う。なぜなら、私たちが受け取ったその情報は事実とは限らないからです。『腹の立たない人になる』というテーマについて、初め聞いたとき、本当にびっくりしました。そのときは、怒ることは人の本能であると思っていたからです。しかし、よくしらべてみると、怒りは理解していないということの産物である。理解や通じ合ったり、思いやりが欠けることによって誤解が生じ、そして、腹が立つ。時間をかけて努力し、いつも私にいいきかせて、私はなぜ怒るのかと自分に問いかけたい。自他の関係をすすめ、調和し、私は努力して腹の立たない人になりたいです。多くの人と一緒に生活し、ご飯を食べ、お風呂に入り、討論したことは私にとってすごくいい経験になりました。私はここの人や事、モノと出会えたことに感謝しています。私はこういった縁はまだあると思う。ここにいる人たちのようになりたい。こう考えていくと私はひとりの幸運で幸福な人だと思います。

追伸：ご飯はとてもおいしかったです。とても健康的でした。いつも楽しみにしていました。これからやりたいことは、いろんな実顕地にいってみたいです。とくに、目的はありません。ただ実顕地の人たちの生活を知り、人と人との関係がどのように動き、つき合っているのかを知りたい。まだ、今後何をするかは決めていないけれど、愛に満ちた零の考えなどを心に留めて実行したいと思います。さらに、この考えを広めていきたいと思います」（台湾男性二六歳）。

台湾からの二人の特講参加者の声を紹介したが、特講はあくまでもヤマギシズムを知るうえでの出発点に過ぎない。わずか一週間の研鑽生活で腹が立たない人になれるはずもない。しかし、腹の立たない人になる端緒はつかめるのではないだろうか。

特講の最終日、明日からみんな全国の居住地へ帰るという晩に、お別れ会のようなものがあった。もう三〇年以上も前の話なので、うろ覚えだが、あったと思う。そこで、特講を受けて感極まったある夫妻が、社交ダンスのようにみんなの前で踊りだした。よほど感激をしたのだろう。「ヤマギシは素晴らしい」を連呼し、涙さえ浮かべていた。

私はそれをみながら、「自分は感動も何もしなかったな」と冷めた気持ちになった。だから、私にとって、特講はそんなにいいものでもなかったし、かといって悪い体験でもなかった。ただ、一週間、仕事や家庭生活を離れて、自分を見つめ直すことができたという意味では、貴重な体験をしたということだけであった。

しかし、一週間というその時間は、忙しい現代人にとってはなかなか取れるものではない。職場を一週間休むとなったら、会社から何をいわれるかわからない。下手をしたら首が飛ぶかもしれない。だが、特講は人生のなかで、ただ一度だけしか受講することはできない。それを考えると、一週間という時間を割いて、自分を見つめ直すのは悪くはないと思う。

「研鑽学校」とは

特講を修了した参加者が次のステップへ向かうのが、研鑽学校である。この言葉も一般社会では滅多にお目にかかることがないだけに、研鑽学校って何？　と思われる方が多いのではないだろうか。

研鑽学校とは、特講を修了した者が、研鑽会や生活や作業を通じて、すべての事柄に対して、「本当はどうか」と主体的に検べる「研鑽態度」で、ヤマギシズム理念そのものを科学的に究明し、ヤマギシズムを実証的に、理解し、体得することを目的としている。

研鑽学校では、特講の内容をさらに深めていき、農作業などの実践やテーマに沿って研鑽会を通して、研鑽態度を体得し、ひとり一人が自発的な意思のもとで、自らの生き方や人生観、日常の暮らしや社会生活のこと、人生全般のテーマについて、参加者全員で考えるものである。

つまり、研鑽学校とは、特講を修了した者のうち、さらに「ヤマギシズム」について深めたいと希望する人たちの「研修」の場といってもいいだろう。いわゆる、終生、卒業のない学校である。

私が研鑽学校へ入学したのは、特講を受けてから約一年が過ぎたころだったと思う。これも古い話で記憶が定かではないことをお許し願おう。

現在の研鑽学校と、一九八〇年代の研鑽学校とでは、その内容もがらっと変わっていると聞く。私が参加したときの研鑽学校は、午前中は座学で、午後からは作業というカリキュラムだった。

今でも鮮明に記憶に残っているのは、鶏舎の鶏糞出し作業である。スコップで鶏糞をかき出すのだが、これが重くて重くて、つらくて、もう二度とやりたくないと何度も思った。しかも、その鶏糞出しの作業が三日間も続いたのだ。四日めは別の作業に変わったが、そのとき、ホッとした。これであの鶏糞出しとおさらばできると思うと、嬉しかった。それほど、鶏糞出しは私にとってはつらい作業だったのである。

研鑽学校は、特講と違って、生涯、何度でも受講することができる。私も機会があったら、もう一度受講してみたいと思っているが、いまのところ、時間が取れそうにはない。

しかし、自分の人生に迷ったら、悩んだら、二週間という研鑽学校を受講してみるのも悪くはない選択だと思う。それほど、心身がリフレッシュする機会は、世間一般を探しても見当たらない。きっと、新しい自分が発見できるに違いない、と思っている。

この章では、ちょっと堅い、真面目な話になってしまったが、ヤマギシズム、ヤマギシ会を知るうえでは欠かせない項目なので、そのさわりだけでも知ってもらいたいと思う。未だに、ヤマギシズムと、イズムがつくと、宗教ではないか、オカルト集団ではないかと何の疑念もなく考える人がいるのも事実である。

しかし、実際には、ヤマギシズム実顕地を訪れ、村人に接し、何日か村で生活をしてみると、ヤマギシ会が目指す社会が何たるかの一端を少しでも理解することができると思う。百聞は一見にしかず、一度、近くのヤマギシズム実顕地を見学されてはどうだろうか。

あとがき

私は今日までの人生のなかで、ヤマギシ会を知り、そして、ヤマギシの村人たちとの交流をとおして、さまざまなものを得ることができた。なかでも、何よりも心強いのは、気分が落ち込んだり、沈んだりしたときに、ヤマギシズムの理念や村人との交流を思い出すと、そのような気持ちを払拭することができて、元気になれることである。ヤマギシの村にいけば、私を温かく迎えてくれる人たちがいることを知っているだけで、気持ちが楽になれるといってよい。

私はかつて、ヤマギシ会に参画しようと考えた時期もあった。しかし、その一方で、ジャーナリズムのなかで生きる一員として、ヤマギシのなかに入るのではなく、あくまでも第三者の立場から、ヤマギシ会を見つめ続けていたいと考えたのも、事実である。

今回、改めてヤマギシの村人を取材して感じたことは、ヤマギシ会に参画したからといって、個人が抱えているすべての問題が一挙に解決するわけではないし、村で生活をするなかでも、個々人、いろいろな葛藤を抱えて、生活をしているケースも少なくないことだった。だが、そうした個々の悩みや問題を解決する方法が、このヤマギシの村のなかにあるのも事実だった。

誤解を恐れずにいえば、ヤマギシズムの研鑽生活のなかにこそ、すべての問題や悩みを解決してくれる糸口が秘められているといっても過言ではない、と私は思っている。

特別講習研鑽会や研鑽学校、研鑽生活と聞けば、なにやら宗教めいた儀式でもあるのかと思われる方もおられるに違いない。しかし、名前こそそのような印象を与えるが、それらは、「本当はどうか?」「本当は何か?」を突き詰めるために、みんなが知恵を出し合う場である。一人で解決できないことは、二人で。二人で解決できないことは三人で、三人で解決できないことは大勢で、解を見つけていく。それがヤマギシズムの研鑽のあり方であると、私は理解している。

本書は、ヤマギシズム実顕地での村人の生活の実態と、村人が何を考えてヤマギシに参画し、そして、今日まで過ごしてきているかを明らかにした、はじめての書である。

生まれも育ちも、受けてきた教育も体験してきた職業もそれぞれ違う、それこそふつうの人たちが、財布をひとつにして、実顕地という場で共に働き、共に暮らすなかで、何を生きがいにし、何を目標にし、楽しく、幸せに暮らすために、どんなことを実践してきているのか。その実態を本書ではほんの少しだが、明らかにできたのではないかと、思っている。

本書を読んでいただいた皆さんが、ヤマギシ会という、六〇年以上、存続する生活共同体に、少しでも興味をもっていただけたら、筆者としてこんなに嬉しいことはない。

最後に、本書の取材・執筆にあたってご協力いただいたヤマギシ会の北大路順信さんや松本直次さん、春日山実顕地や六川実顕地の村人の皆さんに、この場を借りて感謝を申し上げたい。

東京都羽村市の自宅にて

辻　秀雄

辻 秀雄（つじ ひでお）

1951年10月島根県生まれ。フリージャーナリスト。FXポータルサイト「エムトレ」(http://mtre.jp) アドバイザー。1984年4月からフリーに。以降、月刊誌の取材・執筆活動（月刊宝石、ダカーポ、とらばーゆ、新潮45+、月刊太陽、ジャパンポンチ等）のほか、単行本の執筆や編集等を行う。2007年11月から2016年1月まで日本で唯一の外国為替証拠金取引（FX）の専門誌月刊「FX攻略.com」の初代編集長を務める。著書に、『インターネット・スキル』『危ない金融機関の見分け方』『企業研究・富士ゼロックス』『犬とかかわる仕事がしたい』など。共著に、『サイエンススクランブル』『我らチェルノブイリの虜囚』『ドルよ驕るなかれ』『迷ったときの医者選び（東京版）』『常識のビジネス理論50』『昭和のニッポン』など。編集ものに『ビジネスマン戦略戦術講座（全20巻）』『ビジネスフォーラム（全10巻）』『THE NEXT（全1巻）』『実例集・大銀行残虐非業の手口』『農は永遠なり』『先物探偵術』『手術室の中は闇』など。ほかに、「企業のCI計画分析レポート」「『東京国際フォーラム』運営・広報体制構築のための海外コンベンションセンター経営・広報体制分析レポート（海外取材）」「ラムサール条約釧路会議分析レポート」などの分析レポートを手がける。

半世紀《はんせいき》を超《こ》えてなお息吹《いぶ》くヤマギシの村《むら》
～そこには何《なん》の心配《しんぱい》も不安《ふあん》もない暮《く》らしがあった

2017年1月21日発行

著　者　辻 秀雄
発行人　佐久間憲一
発行所　株式会社牧野出版
〒135-0053
東京都江東区辰巳1-4-11　ST ビル辰巳別館5F
電話 03-6457-0801
ファックス（注文）03-3522-0802
http://www.makinopb.com

印刷・製本　中央精版印刷株式会社

内容に関するお問い合わせ、ご感想は下記のアドレスにお送りください。
dokusha@makinopb.com
乱丁・落丁本は、ご面倒ですが小社宛にお送りください。送料小社負担でお取り替えいたします。
 ISBN978-4-89500-210-3